Kanji leicht gemacht!

Lernen Sie Japanisch lesen, schreiben und sprechen mit JLPT N5 Kanji, Grammatik, Vokabeln, Höflichkeitssprache und mehr!

Ein Lehrbuch und integriertes Arbeitsbuch für Anfänger

Daniel Akiyama

JAPANISCH FÜR ANFÄNGER | **SYSTEMATISCHER LERNANSATZ**

KANJI
LEICHT GEMACHT®
ARBEITSBUCH + LEITFADEN FÜR ANFÄNGER

JLPT N5 KANJI | ひらがな カタカナ 漢字

Wie Kanji aufgebaut sind und wie sie funktionieren
Üben Sie das Schreiben von über 100 gängigen Kanji
Enthält Grammatik, Verb- und Partikel-Leitfaden
Japanische Kultur, Anrede, Höflichkeit und Förmlichkeit
Eine Vielzahl von Vorlagen und zusätzlichen Lernhilfen

LESEN, SCHREIBEN UND SPRECHEN SIE JAPANISCH!

DANIEL AKIYAMA

Kanji leicht gemacht!

Lernen Sie Japanisch lesen, schreiben und sprechen mit Kanji (JLPT N5, Grammatik, Vokabeln, und mehr)

Ein Lehrbuch und integriertes Arbeitsbuch für Anfänger
von Daniel Akiyama

ISBN: Print 978-1-7392387-8-0 (Taschenbuch)
Erste Ausgabe

**Copyright © 2022 von Daniel Akiyama.
Alle Rechte vorbehalten.**

Kein Teil des Inhalts dieser Publikation darf ohne vorherige schriftliche Genehmigung des Herausgebers und des Autors in irgendeiner Form oder mit irgendwelchen Mitteln - elektronisch, mechanisch, durch Fotokopieren, Aufzeichnen, Scannen oder auf andere Weise - reproduziert, vervielfältigt, in einem Datenabfragesystem gespeichert oder übertragen werden, es sei denn, es gelten die Bestimmungen des Urheberrechtsgesetzes der Vereinigten Staaten von Amerika und des Fair Use. Es ist Ihnen nicht gestattet, diese Publikation ohne die Zustimmung des Autors und des Verlags zu verändern, zu vertreiben, zu verkaufen, zu verwenden, zu paraphrasieren oder zu zitieren.

Haftungsbeschränkung/Gewährleistungsausschluß:
Der Autor und der Verlag geben keine Zusicherungen oder Garantien in Bezug auf die Richtigkeit oder Vollständigkeit des Inhalts dieses Werkes und lehnen ausdrücklich alle Garantien ab, einschließlich, aber nicht beschränkt auf Garantien der Eignung für einen bestimmten Zweck. Es darf keine Garantie durch Verkaufs- oder Werbematerialien geschaffen oder erweitert werden.

Die hierin enthaltenen Ratschläge und Strategien sind möglicherweise nicht für jede Situation geeignet. Dieses Werk wird unter der Voraussetzung veröffentlicht und verkauft, dass der Herausgeber keine medizinischen, rechtlichen oder sonstigen professionellen Ratschläge oder Dienstleistungen anbietet. Wenn professionelle Hilfe benötigt wird, sollten die Dienste eines kompetenten Fachmanns in Anspruch genommen werden. Weder der Herausgeber noch der Autor haften für Schäden, die sich aus den in dieser Publikation enthaltenen Informationen ergeben.

Die Tatsache, dass eine Person, eine Organisation oder eine Website in diesem Werk entweder als Zitat und/oder als potenzielle Quelle für weitere Informationen genannt wird, bedeutet nicht, dass der Autor oder der Herausgeber die von der Person, der Organisation oder der Website bereitgestellten Informationen oder die von ihr/ihm abgegebenen Empfehlungen befürwortet.

Darüber hinaus sollten sich die Leser darüber im Klaren sein, dass sich die in diesem Werk aufgeführten Websites zwischen dem Zeitpunkt, an dem diese Publikation geschrieben wurde, und dem Zeitpunkt, an dem sie gelesen wird, geändert haben oder verschwunden sein können.

Inhalt

1 Einleitung — 007
- Über dieses Buch — 008
- Japanisch lernen — 009
- Über das JLPT — 011

2 Japanisches Kanji — 015
- Kanji & Radikale — 020
- Wo soll man anfangen? — 022
- Kanji identifizieren — 026
- Reihenfolge der Striche — 028
- Kanji-Grundlagen — 030
- Über Lesungen — 032

3 Der N5 Kanji — 038
- Schnellreferenztabellen — 046
- Kanji-Zahlen — 048
- Uhrzeit und Datum — 066
- Menschen und Dinge — 086
- Wegbeschreibung & Orte — 120
- Gebräuchliche Verben — 137
- Adjektive und Farben — 154

4 Japanisch verwenden — 169
- Sprache des Respekts — 170
- Ehrende Sprache — 172
- Grundlagen der Grammatik — 174
- Masu und Desu (Höflichkeit) — 176
- Über Uchi und Soto — 178
- Verb-Kategorisierung — 179
- Gebräuchliche Konjugationen — 180
- Nützliche Grammatik-Muster — 185
- Über Partikel — 188
- Mehr Partikel — 196
- Japanische Satzzeichen — 197

5 Lernmittel — 202
- Schreibvorlagen — 203
- Lernkarten-Vorlagen — 221
- Antwortschlüssel — 247

6 Dankesschreiben — 249

////////////////////////////////// **TEIL 1**

Einführung

Willkommen zu diesem *Kanji-Arbeitsheft für Anfänger*, das Teil der Reihe *"Japanisch leicht gemacht"* ist. Es richtet sich an diejenigen, die die Kana-Schrift bereits auswendig gelernt haben, und soll Ihnen helfen, Ihre ersten japanischen Kanji zu lesen, zu schreiben und auszusprechen.

Wie alle meine Arbeitsbücher beginnt auch dieses mit dem Wesentlichen und führt zusätzliche Details ein, wenn sie nützlich oder praktisch sind. Bevor Sie sich einige der Zeichen selbst ansehen, erfahren Sie etwas über die verschiedenen Methoden des Kanji-Lernens und wie sie mehr oder weniger effektiv sein können. Im weiteren Verlauf des Buches werden Sie auch lernen, wie Sie die Grammatik auf die gelernten Zeichen anwenden können, um Sätze zu bilden und die japanische Alltagssprache besser zu verstehen.

Am Ende dieses Arbeitsbuchs werden Sie die Kanji-Kenntnisse erworben haben, die normalerweise für die JLPT N5-Prüfung *(Japanese Language Proficiency Test)*. Dieses Buch zeigt Ihnen, wie man über 100 Kanji schreibt, was sie bedeuten, wie man sie liest oder ausspricht, und enthält viele nützliche Vokabeln der Stufe N5.

Über dieses Buch

Dieses Buch konzentriert sich auf Handschriftübungen zum Erlernen und Einprägen von Schriftzeichen. Die meisten würden wahrscheinlich zugeben, dass die Handschrift in keiner Sprache mehr benötigt wird, da sich die meiste Kommunikation in digitale und Online-Räume verlagert hat. Beim Erlernen anderer Fremdsprachen wie Französisch oder Spanisch hat die Handschrift keinen hohen Stellenwert, aber beim Erlernen einer Sprache mit einem völlig neuen Satz von Zeichen oder Buchstaben spielt sie eine andere Rolle.

Schreiben und Wiederholen in bestimmten Abständen ist nach wie vor eines der effektivsten Mittel zum Einprägen, daher bietet dieses Arbeitsbuch Raum zum Üben der Schreibschrift. Diese Technik hilft dabei, das Muskelgedächtnis zu trainieren und sich Informationen einzuprägen, damit Sie die Formen der Schriftzeichen später besser erkennen und abrufen können. Eine saubere japanische Schrift ist eine wichtige Fähigkeit, die Sie auf natürliche Weise erwerben werden.

Es ist hilfreich, jedes Zeichen laut auszusprechen, während Sie lernen, es in der richtigen Strichfolge zu schreiben. Das wiederholte Aufschreiben der Zeichen und Aussprechen der Wörter hilft Ihnen, die Formen mit den Lauten zu verbinden.

Es ist gut, so früh wie möglich in die Sprache einzutauchen. Suchen Sie nach Möglichkeiten, japanisches Material zu lesen, zu sehen oder zu hören, auch wenn Sie es nicht verstehen. Das hilft Ihnen, Ihre Aussprache zu üben, und Ihre Aussprache wird mit der Zeit immer natürlicher klingen.

Schreiben in diesem Buch

Dieses Arbeitsheft ist zum Beschreiben gedacht! Das Papier ist von relativ guter Qualität, aber Sie sollten versuchen, keine Marker oder Stifte mit besonders feuchter Tinte zu verwenden - die Seiten sind besser für Kugelschreiber, Bleistifte oder Gelstifte geeignet, die nicht auf die folgenden Blätter übertragen werden sollten. Prüfen Sie hier die Eignung Ihrer Schreibgeräte, um zu sehen, wie sie sich auf die folgenden Seiten auswirken:

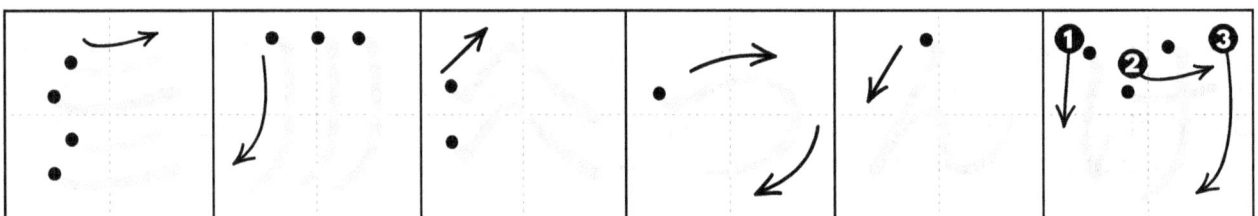

Hinweis: Ein traditioneller Pinselstift kann Ihre japanische Schrift natürlicher aussehen lassen, erfordert aber spezielleres Papier.

Japanisch lernen

Grob gesagt gibt es drei Hauptstufen beim Erlernen der japanischen Sprache. Jede Stufe ist anspruchsvoller als die vorherige und baut auf dem Wissen auf, das Sie auf dem Weg dorthin erworben haben - es gibt keine praktische Möglichkeit, die nächste Stufe zu überspringen. Allerdings gibt es mehr oder weniger effektive Wege, bestimmte Themen zu lernen.

Inzwischen sollten Sie sowohl das Hiragana- als auch das Katakana-Alphabet und alle Silbenlaute auswendig gelernt haben - werfen wir also einen Blick auf das, was vor Ihnen liegt:

1. Kana lernen

Was: Die Kana-"Alphabete" ermöglichen es Ihnen, das gesamte Japanische zu lesen und auszusprechen, da sie alles auf eine leicht verständliche Weise buchstabieren.

Wie: Einprägen der Formen und Aussprachen durch Wiederholung. Es gibt zwei Sätze mit 46 Grundsymbolen und ein paar Extras, die man später lernen kann. Das kann nur ein oder zwei Tage dauern, sollte aber nicht überstürzt werden. Üben Sie sie häufig, denn sie sind die Grundlage, auf der Sie alles andere aufbauen werden.

2. Erlernen von Kanji

Was: Die komplexeren Symbole, die ganze Wörter darstellen und einen großen Teil des Japanischen ausmachen, werden oft auf mehrere Arten ausgesprochen und haben mehrere Bedeutungen. Die Beherrschung der Kana-Schrift ist eine Voraussetzung für das Studium der Kanji.

Wie: Aufgrund der schieren Anzahl einzigartiger Zeichen dauert es zwangsläufig länger als das Erlernen von Kana. Es gibt eine Vielzahl von Wegen und Methoden, und mit der richtigen Strategie müssen sie nicht so schwierig sein, wie sie scheinen.

3. Hinzufügen von Grammatik

Was: Ausgestattet mit Kanji-Kenntnissen (oder einem Wörterbuch) können Sie viel Japanisch verstehen, wenn Sie den Satzbau kennen, andere Wortformen bilden, Partikel erkennen und respektvolle Sprache schätzen.

Wie: Wir werden uns verschiedene Wortarten und ihre Verwendung ansehen, etwas über die Konjugation von Verben lernen und einige nützliche grammatikalische Muster erkunden, die Sie in der Alltagssprache verwenden können.

Das Buch ist in Abschnitte unterteilt, um das Lernen effektiv zu strukturieren:

ABSCHNITT 1

Dieses Kapitel enthält einen Überblick über dieses Buch und den Japanese Language Proficiency Test, einschließlich der Anforderungen der ersten Stufe, N5. Sie sollten bereits wissen, wie die japanische Sprache aufgebaut ist, worin sich die einzelnen Schriften unterscheiden und wie Texte im Allgemeinen geschrieben werden. Frühere Bücher der Reihe behandeln diese Themen ausführlicher.

ABSCHNITT 2

Nach einer Einführung in die Kanji-Zeichen (mit denen der Großteil der japanischen Sprache geschrieben wird) erfahren Sie, wie das Kanji-Schreibsystem entstanden ist, wie es funktioniert, was ein Kanji ausmacht und wie man ein bestimmtes Symbol erkennt. In diesem Abschnitt werden auch die verschiedenen Arten von Kanji-Lesungen erklärt, warum es verschiedene Lesarten gibt, und später erfahren Sie, wie Sie beim Lernen von Kanji Zeit und Mühe sparen können.

ABSCHNITT 3

Wir werfen einen Blick auf die Kanji-Zeichen, die in diesem Buch behandelt werden, und dann beginnt die eigentliche Arbeit. Über 100 Kanji auf N5-Niveau wurden nach Themen oder Wortarten gruppiert und haben eine eigene Seite, um ihre Strichfolge, Lesarten, Vokabeln und mehr zu lernen. Zwischen den relevanten Gruppen wurden einige Bonusvokabeln und Themen hinzugefügt, mit Wiederholungsfragen, um Ihr Wissen zu testen und zu sehen, wo Sie vielleicht mehr Zeit investieren müssen.

ABSCHNITT 4

Der folgende Abschnitt geht noch weiter und erklärt, wie Sie Ihre Kanji-Kenntnisse zu echtem Japanisch zusammensetzen können. Sie lernen, wie die Zeichen zu Sätzen zusammengesetzt werden, wie Sie verschiedene Wortarten erkennen können und lesen über Verbkonjugationen, die alternative Bedeutungen für dasselbe Kanji zeigen. Sie können zu diesem Kapitel übergehen, bevor Sie die Kanji-Lernseiten fertiggestellt haben - ein umfassendes Verständnis des Kanji-Gebrauchs kann Ihnen dabei helfen, sie zu lernen.

ABSCHNITT 5

Der letzte Abschnitt des Buches enthält zusätzliche Lernhilfen, darunter einige doppelseitige Seiten mit Karteikarten. Diese lassen sich ausschneiden und zu einem Stapel hilfreicher Gedächtnisstützen umfunktionieren. Sie können Kopien anfertigen, wenn Sie die Seiten nicht entfernen möchten. Sie sind vielleicht nicht so groß oder haltbar wie Karten, aber sie sind trotzdem praktisch und sparen weitere Kosten.

Sie finden auch einen kleinen Abschnitt mit zusätzlichen leeren Schreibrastern. Ich empfehle, für das Üben von Japanisch einen separaten Notizblock zu verwenden, aber diese Blätter können nützlich sein, um Zeichen zu wiederholen, die Ihnen besonders schwer gefallen sind. Meine Begleitblöcke sind dafür ideal, und sie lassen sich gut mit Lernkarten kombinieren, um zu überprüfen, ob Sie sich die Strichfolgen merken können, oder um einfach nur wichtige Vokabeln aufzuschreiben.

Über den JLPT

Der "Japanese Language Proficiency Test" (Prüfung der japanischen Sprachkompetenz), oder 日本語の能力試験 auf Japanisch *(Nihongo no nouryoku shiken)*, ist ein System von standardisierten Prüfungen, mit denen die Japanischkenntnisse einer Person ermittelt werden.

Eine formale Zertifizierung ist für diejenigen hilfreich, die in Japan studieren oder arbeiten möchten. Potenzielle Arbeitgeber und Universitäten verlangen unter Umständen, dass eine Person eine Grundqualifikation vorweisen kann, bevor sie eine Bewerbung einreichen kann. Sie ist auch bei Lernenden sehr beliebt, um den persönlichen Fortschritt in der Sprache zu bestätigen oder zu überprüfen.

Die Prüfungen finden zweimal jährlich im Juli und Dezember statt, entweder in Japan oder im Ausland, in speziellen Prüfungszentren in bestimmten Ländern.

Der *JLPT* entspricht dem TOEFL *(Test of English as a Foreign Language)* oder dem IELTS *(International English Language Testing System)*, allerdings für die japanische Sprache. Er besteht aus fünf Stufen, beginnend mit N5 *(der einfachsten Stufe)*, die ein grundlegendes Verständnis und die Anwendung der Sprache bescheinigt. Um die schwierigste Stufe N1 zu erreichen, muss man die Sprache fließend beherrschen:

einfach	**N5**	Grundlegendes Verständnis von Sprache, Schrift und Struktur - einfache Themen.
	N4	Noch relativ einfach, umfasst Alltagssituationen und Sprachgebrauch.
	N3	Konversationsniveau, oft für eine Teilzeitbeschäftigung erforderlich.
	N2	In der Regel für eine Vollzeitbeschäftigung erforderlich, viele Kanji.
schwierig	**N1**	Fließende Beherrschung der japanischen Sprache.

Es ist erwähnenswert, dass das Bildungsministerium und die *Japan Educational Exchanges and Services* (JEES) seit 2010 keine "Test Content Specifications" mehr veröffentlichen und dass vom Lernen anhand von Vokabellisten oder Kanji abgeraten wird. Stattdessen finden Sie auf der JLPT-Website eine allgemeine Zusammenfassung der für die einzelnen Stufen erforderlichen Kompetenzen:

N5	Die Fähigkeit, einige Grundkenntnisse der japanischen Sprache zu verstehen.
Lesen	Man ist in der Lage, typische Ausdrücke und Sätze in Hiragana, Katakana und einfachen Kanji zu lesen und zu verstehen.
Anhören	Sie sind in der Lage, Gesprächen über Themen, die im täglichen Leben und im Klassenzimmer üblich sind, zuzuhören und sie zu verstehen und die notwendigen Informationen aus kurzen, langsam gesprochenen Gesprächen zu entnehmen.

(Quelle: http://www.jlpt.jp/e/about/levelsummary.html - Oktober 2022)

Es kann nützlich und interessant sein, die Anforderungen und Bewertungsmethoden für das JLPT N5-Niveau zu verstehen, unabhängig davon, ob Sie eine formale Qualifikation anstreben oder nicht.

Auch wenn dies in der Übersichtstabelle nicht angegeben ist, werden Kenntnisse des Wortschatzes und der Grammatik vorausgesetzt, um die Anforderungen im Lesen und Hören zu erfüllen. Der JLPT-Begriff hierfür lautet "Sprachkenntnisse". Die Tabelle "Zusammensetzung der Prüfungsaufgaben" *(unten)* zeigt, wie die N5-Prüfung aufgebaut ist, welche Anforderungen in den einzelnen Abschnitten gestellt werden und wie diese bewertet werden:

		Prüflinge	Zweck
Sprachwissen 20 Minuten	Wortschatz	Kanji lesen	Test des Lesens von in Kanji geschriebenen Wörtern
		Rechtschreibung	Testen Sie Kanji und Katakana für in Hiragana geschriebene Wörter
		Kontextuell definierte Ausdrücke	Test von Wörtern mit durch den Kontext definierten Bedeutungen
		Paraphrasen	Wörter und Ausdrücke mit ähnlicher Bedeutung testen
Sprachwissen (Lesen) 40 Minuten	Grammatik	Satzgrammatik 1 (Auswahl der Grammatikform)	Urteilsvermögen über Grammatikformate, die zu Sätzen passen, testen
		Satzgrammatik 2 (Satzbau)	Prüft das Verständnis von syntaktisch korrektem und sinnvollem Satzbau
		Textgrammatik	Testurteil über die Eignung von Sätzen für den Textfluss
	Lesen	Verstehen (kurze Passagen)	Testen Sie Ihr inhaltliches Verständnis, indem Sie einfache Originaltexte mit ca. 80 Zeichen lesen - Themen und Situationen aus Alltag, Studium und Beruf.
		Verstehen (mittelgroße Passagen)	Testen Sie Ihr inhaltliches Verständnis, indem Sie einfache Originaltexte von ca. 250 Zeichen lesen - Themen und Situationen aus dem täglichen Leben
		Informationsabfrage	Testen Sie die Fähigkeit, die erforderlichen Informationen aus Originalmaterialien wie z. B. Notizen zu entnehmen (ca. 250 Zeichen).
Anhören 30 Minuten		Aufgabenbezogenes Verstehen	Testen des Verständnisses von Inhalten durch Hören eines kohärenten Textes *(Prüfung der Fähigkeit, die für die Lösung spezifischer Probleme notwendigen Informationen zu entnehmen und geeignete Maßnahmen zu verstehen)*
		Verstehen der wichtigsten Punkte	Prüfung des Verständnisses von Inhalten durch Hören eines kohärenten Textes *(Prüfung der Fähigkeit, Punkte auf der Grundlage notwendiger, im Voraus präsentierter Informationen einzugrenzen)*
		Verbale Ausdrücke	Testen Sie die Fähigkeit, geeignete verbale Ausdrücke auszuwählen, indem Sie Umstände anhören und sich Abbildungen ansehen.
		Schnelle Antwort	Test der Fähigkeit, durch Zuhören auf kurze Äußerungen wie Fragen angemessene Antworten auszuwählen

(www.jlpt.jp/e/guideline/pdf/n5_e_revised.pdf - 10.2022)

Die Prüfung besteht aus drei Teilen: Der erste Teil prüft Ihre Wortschatzkenntnisse, einschließlich der Kanji-Wörter; der zweite Teil prüft Ihr Verständnis der Grammatikregeln und testet Ihre Fähigkeit, Japanisch zu lesen und zu verstehen; und der dritte Teil prüft eine Kombination aus allen Wissensbereichen, wobei Audioaufnahmen anstelle von Text verwendet werden.

Um das JLPT N5-Zertifikat zu erhalten, müssen Sie mindestens 80 von maximal 180 möglichen Punkten erreichen. Der Leseteil ist doppelt so viele Punkte wert wie der Hörteil.

Außerdem gibt es jetzt eine Mindestpunktzahl für jeden der beiden Hauptabschnitte, was bedeutet, dass eine niedrige Punktzahl in einem der beiden Abschnitte unabhängig von der Gesamtpunktzahl des Teilnehmers zu einem Nichtbestehen führt.

	Pkt. Verfügbar für Sektion	Erforderliche Mindestpunkte
Sprachwissen (Wortschatz/Grammatik) - Lesen	0 - 120	38 / 120
Sektion Zuhören	0 - 60	19 / 120

Verfügbare Gesamtpunkte	0 - 180

N5 bestanden (Minimum)	80 / 180

(www.jlpt.jp/e/guideline/results.html - 10.2022)

Vorbereitung für JLPT N5

Die Organisatoren des Japanese Language Proficiency Test haben früher lange Listen mit bestimmten Vokabeln, Kanji und Grammatikpunkten veröffentlicht, aus denen alle möglichen Prüfungsfragen zusammengestellt wurden. Diese Praxis wurde vor kurzem eingestellt, so dass online nur noch *"inoffizielle"* Listen zu finden sind. Diese Listen gehen davon aus, dass alle JLPT N5-Fragen und -Antworten aus einem Pool von etwa **800 Vokabeln** und etwas **mehr als 100 Kanji** erstellt werden. Diese Zahlen sind groß und übersteigen die Anforderungen einer einzigen N5-Prüfung - sie stellen lediglich ein *"sicheres"* Mindestmaß an Wissen dar.

Glücklicherweise handelt es sich bei den Vokabeln und Kanji in diesen Listen um einfaches, alltägliches, umgangssprachliches Japanisch, und sie repräsentieren einige der am häufigsten verwendeten Wörter und Themen, *z. B. Zahlen, Daten, Tage und Zeit, Familie und Freunde sowie gebräuchliche Verben (wie: gehen, sprechen, lesen, schreiben usw.).*

Die Anforderungen an die Grammatik können ebenfalls variieren, umfassen jedoch das Verständnis und die Verwendung gängiger Partikel wie は *(wa),* が *(ga)* und を *(wo)* sowie die Konjugation von Verben in der Vergangenheit oder im Präsens (sowohl für die höfliche als auch die informelle Sprache).

Anfänger ohne Vorkenntnisse müssen unter Umständen bis zu 500 Stunden lernen, um die N5-Prüfung zu bestehen, was weniger als 3 Stunden pro Tag über einen Zeitraum von sechs Monaten bedeutet.

Da die Prüfungen aus Multiple-Choice-Fragen und -Antworten bestehen, schlagen manche vor, Zeit zu sparen, indem man nicht lernt, etwas auf Japanisch zu schreiben. Das ist Unsinn! Schreibübungen sind ein wesentlicher Bestandteil aller guten Langzeitstrategien und eine unglaublich wertvolle und nützliche Fähigkeit. Es dauert nicht lange, bis man die Kana beherrscht, und das Schreiben hilft beim Lernen und Memorieren von Informationen.

Es ist erwähnenswert, dass das Prüfungsverfahren derzeit auch keine mündliche Prüfung erfordert, so dass es möglich ist, ein Zertifikat zu erwerben, ohne ein einziges Mal zu sprechen! Gespräche sind jedoch eine weitere gute Möglichkeit, Japanisch zu lernen und zu üben, und sollten nicht völlig außer Acht gelassen werden. *Außerdem, was nützt es, eine neue Fremdsprache zu lernen, wenn man sie nicht anwenden will?*

014

//////////////////////////////////// **TEIL 2**

Einführung in Kanji

Kanji, was wörtlich übersetzt "chinesische Schriftzeichen" bedeutet, gelten als der schwierigste Teil des Japanischen, der zu erlernen ist, aber dieses Buch will sie als Thema entmystifizieren. Sie stehen für Wörter und Vokabeln und machen einen großen Teil der Alltagssprache aus - ohne sie kommt man also kaum aus.

Im Vergleich zu den Kana sind die Kanji zahlreich und komplex. Während es durchaus möglich ist, die Kana in weniger als einem Tag auswendig zu lernen, dauert das Studium der Kanji wesentlich länger. Selbst ein durchschnittlicher Muttersprachler kennt nur einen Bruchteil der vielen tausend Kanji, die es gibt. Am besten ist es, Kanji nicht als ein Thema zu betrachten, das man *"lernen"* kann, denn nur wenige Menschen beherrschen dieses Schriftsystem wirklich.

Die gute Nachricht für Anfänger ist jedoch, dass man mit der Kenntnis von nur ein paar Hundert Kanji beginnen kann, viel Japanisch zu lesen, vor allem, wenn man auch lernt, ein japanisches Zeichenwörterbuch zu benutzen.

Der erste Schritt für alle Anfänger, die Kanji *"lernen"* wollen, sollte darin bestehen, ihre Funktionsweise zu verstehen - darum geht es in diesem Kapitel. Wenn Sie erst einmal wissen, wie sie funktionieren, werden Ihnen die Kanji leichter zugänglich sein, und Sie können sie effektiver lernen. Mit anderen Worten: *Sie müssen zuerst lernen, WIE man Kanji schreibt.*

Aufgrund der großen Anzahl von Schriftzeichen liegt der Schwerpunkt in diesem Teil des Arbeitsbuchs nicht mehr auf der Vermittlung einzelner Schriftzeichen, wie es bei den Kana der Fall war. Stattdessen erhalten die Leser Informationen über die wichtigen, wenn auch gelegentlich verwirrenden Aspekte der japanischen Kanji-Schriftzeichen. Die folgenden Seiten enthalten mehr Informationen als die früheren Kapitel, so dass Sie am Ende des Buches wissen sollten, wie man Kanji richtig schreibt.

Kanji Ursprünge

Ein tiefes Wissen über die Geschichte der Kanji ist keine Voraussetzung für das Studium, aber bestimmte Aspekte dieser Schrift sind leichter zu verstehen, wenn man ein wenig Hintergrundwissen hat. Es gibt zum Beispiel einen Grund dafür, dass die meisten Kanji auf mehr als eine Weise ausgesprochen werden können...

Die japanischen Kanji-Zeichen sehen aus wie die der chinesischen Sprache, weil sie von dort stammen. Das Schriftsystem wurde über Hunderte von Jahren nach und nach aus China importiert, beginnend irgendwann im 5. Japan hatte bereits eine gesprochene Sprache, aber kein universelles Schriftsystem, also wurden den gesprochenen Wörtern im Japanischen chinesische *"hanzi"*-Zeichen mit einer entsprechenden Bedeutung zugeordnet. Außerdem beschloss man, die chinesische Aussprache der Schriftzeichen beizubehalten.

Das gesprochene Chinesisch hat eine viel breitere Palette von Lauten als das Japanische, so dass das neue Schriftsystem in Japan mit einer seltsamen Aussprache ankam, die in China kaum wiedererkannt worden wäre.

China

Korea   **Japan**

Im Laufe der Zeit importierten die Händler aus ganz China, die verschiedene Dialekte des Chinesischen sprachen, neben ihren Waren immer mehr alternative Aussprachen für jedes Schriftzeichen. Die Japaner kreierten jede neue Version eines Wortes unter Verwendung ihres begrenzten Klangspektrums neu und verwendeten sie neben anderen. Die Kanji-Aussprachen, die aus dem gesprochenen Chinesisch stammen, werden On'yomi-Lesungen genannt.

Als ob das nicht schon kompliziert genug wäre: Als Japan die Schriftzeichen und ihre verschiedenen halbchinesischen Aussprachen übernahm, behielt es auch seine bestehenden einheimischen Wörter bei, was bedeutete, dass die japanische Sprache nun für alles mehr als ein Wort hatte! Die Hälfte davon waren fremd klingende Wörter (die von den Chinesen nicht verstanden wurden), und die andere Hälfte waren die ursprünglichen japanischen Aussprachen, die als Kun'yomi-Lesungen bekannt sind.

Die chinesischen "Hanzi"-Symbole waren ursprünglich so gestaltet, dass sie der Bedeutung der Wörter entsprachen und größtenteils logisch den entsprechenden gesprochenen japanischen Wörtern zugeordnet waren. Das System hat seinen fairen Anteil an Ausnahmen, so dass Sie darauf vorbereitet sein sollten, gelegentlich auf verwirrende Details zu stoßen, wenn Sie beginnen, Ihr Kanji-Wissen aufzubauen.

Warum Kanji lernen?

Es ist möglich, Japanisch zu lernen, ohne jemals die Kanji lesen zu können, aber es ist schwierig, sie für immer zu vermeiden. Es gibt eine Vielzahl von Büchern, Websites und Smartphone-Apps, die Ihnen beim Lernen helfen, darunter auch einige, mit denen Sie Kanji wirklich schnell tippen können, so dass es nie einen besseren Zeitpunkt gab, diese Zeichen zu lernen.

Die Nutzung eines der *"komplexesten Sprachsysteme"* der Welt nimmt täglich zu. Wenn Sie nur lernen, wie man Japanisch spricht, verpassen Sie viel von dem, was Japan ausmacht. Sie wären nicht in der Lage, Touristenschilder oder Speisekarten zu lesen, und das Streaming von Animes auf Ihrem Computer oder Telefon lässt sich noch besser genießen, wenn Sie lernen, Japanisch zu lesen, wenn auch nur ein bisschen.

Ein wenig Wissen kann auch viel bewirken. Es ist möglich, Texte zu überfliegen und die Bedeutung abzuleiten, ohne jedes einzelne Zeichen zu lernen. Einfache Kanji werden kombiniert, um weitere Wörter zu bilden, so dass Sie auch unbekannte Symbole entziffern können, wenn Sie die einfacheren kennen.

Wenn Sie zum Beispiel wüssten, dass 大 *(dai)* **"groß / großartig "** und 好き *(suki)* **"mögen"** bedeutet, können Sie leicht verstehen, dass 大好き *(daisuki)* **"Liebe"** (d.h. *"groß/großartig + mögen"*) bedeutet. Reinen Kana-Texten fehlt es an Interpunktion und Wortabständen, so dass sie keinen praktischen Ersatz für Kanji-Texte darstellen.

Schlauer Arbeiten

...nicht härter. Dieser einfache Gedanke kann Ihnen viel Zeit und Mühe ersparen, wenn Sie sich dem Kanji-Lernen nähern. Anfänger werden mit einer schwindelerregenden Fülle von Details überschwemmt, und es ist leicht möglich, dass man Zeit damit verschwendet, weniger praktische Informationen zu lernen, nur weil diese Informationen verfügbar sind. Bevor Sie weitermachen, können Ihnen die folgenden *häufig gestellten Fragen (FAQs)* einen hilfreichen Einblick geben:

Wie viele Kanji müssen Sie lernen?

Der japanische Lehrplan lehrt die Kinder etwa *2136 Kanji* auf einer strukturierten Liste, die *Jōyō-Kanji* genannt wird, aber bis zu *3000 Kanji* werden üblicherweise beim Schreiben von japanischen Zeitungen verwendet *(wahrscheinlich mehr)*! Es ist vielleicht am besten, sich keine bestimmte Zahl als Lernziel zu setzen, denn nur ein Bruchteil der 2136 *Jōyō-Kanji* wird benötigt, um viel Japanisch im Alltag zu lesen. Die nützlichsten Kanji werden Ihnen ganz natürlich begegnen, sobald Sie mit dem Lesen beginnen.

Muss ich jeden Text auswendig lernen?

Für die meisten Kanji gibt es mehrere Aussprachen *(oder " Lesungen ")*, *On'yomi* und *Kun'yomi* genannt. Einfach ausgedrückt bedeutet dies, dass ein einzelnes Zeichen auf verschiedene Arten ausgesprochen werden kann. In den meisten Fällen sind nur ein oder zwei " Lesungen " relevant oder praktisch, so dass Sie viel Zeit sparen können, wenn Sie die anderen einfach ignorieren. *(Sie werden bald mehr über " Lesungen " erfahren).*

Wie setzt sich ein Kanji zusammen?

Kanji-Zeichen bestehen nicht aus willkürlich angeordneten Linien oder Strichen, und Strichfolgen-Diagramme zeigen nur, wie wir Zeichen schreiben. Sie bestehen alle aus einem oder mehreren Teilen und werden wiederum kombiniert, um noch mehr zu schaffen. Diese Teile stammen zumeist aus einem festgelegten Satz von *214 historischen KangXi-Radikalen* - den aus dem chinesischen Schriftsystem übernommenen Formen - und werden auf eine weitgehend logische Weise zusammengesetzt.

Kann man Kanji durch Schreiben lernen?

Theoretisch könnte man Kanji wiederholt Strich für Strich ausschreiben und einzelne Zeichen an ihrer Form erkennen. Diese Strategie funktioniert bei Kana, weil sie einfache Formen haben und nur einen Laut darstellen. Wenn man ein Kanji lernt, prägt man sich auch seine verschiedenen Bedeutungen und Aussprachen ein. Bei der schieren Anzahl der Kanji, *von denen viele 10 oder mehr Striche und hochkomplexe Strichfolgen haben*, kann das Schreiben allein eine zeitaufwändige und möglicherweise ineffektive Methode sein.

In welcher Reihenfolge sollte ich Kanji lernen?

Eine Überlegung bei der Entscheidung, wo Sie anfangen sollten, könnte die Häufigkeit der Nutzung sein. Sie machen Fortschritte, wenn Sie Ihr Japanisch üben können, entweder durch Lesen, Hören oder Sprechen der Sprache. Jedes dieser Verfahren erfordert einen Wortschatz mit praktischen Wörtern *(kanji)*.

Die *"inoffiziellen Listen"*, die für die Vorbereitung auf den *Japanese Language Proficiency Test (JLPT)* zusammengestellt wurden, wären keine schlechte Wahl, ebenso wenig wie die *"100 am häufigsten verwendeten Zeichen"*. Eine weitere Alternative wäre der so genannte *"Radikale zuerst"*-Ansatz. Nicht alle Radikale sind Kanji, aber alle Kanji haben Radikale. Das Erkennen der möglichen Teile könnte das Lernen anderer Listen effizienter machen.

Wie lernt man Kanji am besten?

Am besten ist es, wenn Sie eine Strategie oder eine Kombination von Lernmethoden entwickeln, die Sie langfristig beibehalten können. Beständigkeit ist oft entscheidend, und eine Routine oder ein System, das sowohl den Erwerb als auch die Wiederholung von Wissen ermöglicht, ist von großem Vorteil. Verwenden Sie Lernmittel, die zu Ihrem Lernstil passen: Lesen, Schreiben, Sprechen, kreative Mnemotechniken, Wiederholung mit Karteikarten usw. Sie alle funktionieren für Kana und werden auch für Kanji funktionieren.

Über Kanji

Kanji zeigen größere Informationsblöcke an und werden verwendet, um Vokabeln mit Kernbedeutungen in Sätzen zu schreiben, *z. B. Substantive, Verben und Adjektive*. Sobald Sie einige Kanji mit einigen grundlegenden Definitionen kennen, können Sie lernen, wie man die Grammatik verwendet.

Wir lernen Hiragana und Katakana auswendig, aber die Kanji sind wesentlich zahlreicher. Es ist unwahrscheinlich, dass man sich die Formen einzeln einprägen kann, vor allem, wenn man auch noch versuchen muss, mehr als eine Bedeutung und Aussprache zu lernen. Kanji lassen sich nicht so leicht als Ganzes einprägen, wie die Kana, und sind leichter an den Teilen zu erkennen, aus denen sie bestehen.

Die Bausteine der Kanji werden Radikale genannt, und in jedem Kanji gibt es mindestens eines. Jedes Radikal hat einen Hauptbestandteil *(oder Bushu)*, den wir in den meisten japanischen Wörterbüchern zur Kategorisierung oder Indexierung von Kanji verwenden. Manchmal können die Teile oder die Kombination ihrer Teile sogar die zugrunde liegende Bedeutung anzeigen oder andeuten.

Die Art und Weise, wie Radikale und zusätzliche Komponenten zu Kanji kombiniert werden, ähnelt dem Buchstabieren eines Wortes mit Buchstaben. Die einzelnen Radikale haben keine Bedeutung, mit Ausnahme derer, die auch für sich allein Kanji sein können, so wie unsere eigenen Buchstaben für sich allein meist keinen Sinn ergeben.

Einige römische Buchstaben, wie "I" und "a", können für sich genommen Wörter sein *(z. B. im Englischen)*, aber die meisten sind im Wesentlichen Bestandteile wie japanische Radikale. Sie funktionieren zwar nicht auf genau dieselbe Weise, aber die Vorstellung, dass Radikale eine Art "Alphabet" sind, *könnte für Anfänger ein guter Weg sein, um zu verstehen, wie Radikale funktionieren.*

Über Radikale

Die alte chinesische Schrift bestand aus Tausenden von Piktogrammen - im Wesentlichen waren dies kleine Zeichnungen, die die Bedeutung des Wortes wiedergeben sollten. Das Schreiben mit Piktogrammen nahm viel Zeit in Anspruch, so dass die Chinesen das System schließlich vereinfachten. Grafische Elemente mit ähnlichem Aussehen wurden gruppiert und durch eine einzige, standardisierte Form ersetzt. Nach einer gründlichen Überarbeitung wurden die alten Piktogramme so umgestaltet, dass sie alle aus denselben Standardformen aufgebaut werden konnten. Diese neuen standardisierten Formen werden als Radikale bezeichnet, und die aktualisierten Piktogramme sind die Kanji.

Der ursprüngliche Satz standardisierter Radikale wurde nach dem ersten chinesischen Wörterbuch benannt, das sie zur Klassifizierung verwendete - die **KangXi-Radikale**. Diese Liste besteht aus etwa **214 Symbolen**, die nach der Anzahl der Striche geordnet sind, die man braucht, um sie zu schreiben. Viele Kanji-Wörterbücher indexieren oder klassifizieren Einträge anhand der *KangXi*-Liste, einige verwenden jedoch auch alternative Methoden.

Oben: Radikale, die üblicherweise Bestandteil vieler alltäglicher Kanji sind - einige sind auch Kanji.

Jedes Radikal hat einen Spitznamen, der in der Regel seine Form beschreibt, um das Lehren und Lernen von Kanji zu erleichtern. Diese Spitznamen können verwirrend sein, weil bestimmte Radikale auch eigenständige Kanji sind und der Spitzname der Bedeutung des Kanji sehr ähnlich ist. **Versuchen Sie sich daran zu erinnern, dass Radikale für sich genommen keine Bedeutung haben - sie sind einfach Komponenten mit Spitznamen, die manchmal mit ihrer Kanji-Bedeutung übereinstimmen.**

Jedes Kanji hat ein primäres Radikal oder Bushu, das im Allgemeinen Aufschluss über die Bedeutung des Kanjis gibt. Normalerweise gilt dies für Objekte und Konzepte mit eher "primitiven" Ursprüngen, da diese Konnotationen in neueren Kanji verwässert werden:

Oben: Das "Feuer"-Radikal 火 könnte "primitive" Bedeutungen im Zusammenhang mit Feuer aufweisen.

Hinweis: Der Begriff "Radikal" bezieht sich in der Regel auf Kanji-Komponenten, die in der KangXi-Liste aufgeführt sind, dient aber oft auch als Bezeichnung für jede Form, die in mehreren Kanji vorkommt. Ganze Zeichen, die selbst aus Radikalen bestehen, können ebenfalls als Radikale betrachtet werden - unabhängig davon, ob sie in der Kangxi-Liste stehen oder nicht!

Wo soll man anfangen?

Fremdsprachen, die man bereits lesen kann, sind immer leichter zu lernen. Englische, französische oder spanische Vokabeln lassen sich aufgrund der vertrauten lateinischen Schrift relativ leicht lernen, auch wenn es leichte Unterschiede in der Aussprache gibt.

Wenn Sie mit dem Lernen von Kanji beginnen, sollten Sie vielleicht dort anfangen, wo auch japanische Schulkinder anfangen - mit ähnlichen "ersten Wörtern", die Kinder auf der ganzen Welt zu lernen pflegen. Sie haben einfache, alltägliche Bedeutungen, die schon in jungen Jahren nützlich sind, wie z. B. "ich", "Gesicht", "Nase" usw.

Wenn man sich die Kanji mit vielen dieser "ersten Wort"-Bedeutungen ansieht, sehen sie ziemlich komplex aus und benötigen mehr als zehn Striche, um geschrieben zu werden, was sie für Anfänger, die einfache Formen suchen, nicht gerade ideal macht:

Das Gegenteil ist oft der Fall bei Kanji, die "leichter zu lernen" scheinen, mit weniger Linien und Formen. Eine einfache Form mag schneller zu lernen sein, aber diese Kanji können fortgeschrittenes oder spezielles Vokabular darstellen, das für Anfänger einfach nutzlos ist.

Mit anderen Worten: Es gibt praktisch keinen Zusammenhang zwischen der Kompliziertheit eines Kanji und der Bedeutung des Wortes:

Wenn die Komplexität der Form und die Einfachheit der Bedeutung nicht zusammenhängen, stellt sich die Frage: **"In welcher Reihenfolge lernt man Kanji am besten?"** Leider gibt es keine richtige oder falsche Antwort und es hängt weitgehend davon ab, welche Ziele man verfolgt.

Einer der üblichen Wege sind die *"inoffiziellen"* Listen der Kanji, die für das Bestehen der ersten Stufe des *Japanese Language Proficiency Test (JLPT), N5,* erforderlich sind. Die Kanji auf diesen Listen sind wahrscheinlich ähnlich wie die der *"100 am häufigsten verwendeten Kanji"*. Beide Optionen sind relativ vernünftig, wenn Sie nur mit dem Lernen alltäglicher Kanji beginnen wollen.

Wenn Sie jedoch mit relativ ungeordneten Kanji-Listen beginnen, können Sie Probleme bekommen. Sie werden feststellen, dass die Zeichen einander sehr ähnlich sind, und es wird schwierig, sich Kanji anhand ihrer Form oder ihres Aussehens zu merken. Gleich zu Beginn einer Liste von *"JLPT N5 Kanji"* würden Sie auf Kanji wie 話 & 語 treffen, und dann auch 諒 / 誥...

Welches Kanji bedeutet "sprechen" und welches "Sprache"?
Ich bin sicher, das Kanji mit dem Quadrat und dem Kreuz bedeutet "Tatsache".
Oder ist das die Form, die "Anweisungen geben" bedeutet?

Obwohl die Kanji in diesen Listen ein nützliches Vokabular darstellen, kostet es Zeit und Mühe, neue Zeichen mit denen zu vergleichen, die Sie bereits kennen - Sie brauchen eine Strategie, um dies zu minimieren. Bei so vielen zu lernenden Zeichen sollten wir uns stattdessen die Frage stellen: **"Wie lerne ich Kanji am effizientesten?"**

Priorisierung der Komponenten

Eine alternative Methode, **"Radikale zuerst"** genannt, besteht darin, vorrangig die Kanji zu lernen, die die wenigsten Anschläge erfordern. Obwohl das Auswendiglernen der *214 historischen KangXi-Radikale* wahrscheinlich sehr nützlich wäre, wird das Wort "Radikal" verwendet, um jede Form *(einschließlich Kanji-Zeichen)* zu beschreiben, die wiederum Teil viele weitere andere Kanji wird.

Wenn man sich durch die Kanji nach Strichnummern hocharbeitet, beginnen sich Symbole als Teile anderer zu wiederholen. Mit anderen Worten: Sie beginnen, Zeichen, die Sie bereits gelernt haben, als größere und größere Komponenten zu erkennen. Anstatt ein Kanji zu sehen, das aus mehr als 15 scheinbar zufälligen Strichen besteht, sehen Sie nur einige wenige Teile.

Ihr Studium kann beschleunigt werden, wenn Sie die Fähigkeit, Kanji schneller zu erkennen, mit Gedächtnisstützen wie Mnemotechniken und Geschichten kombinieren.

Zur Veranschaulichung:

Das relativ kompliziert aussehende Kanji 霜 *(Frost)* wird mit 17 Strichen geschrieben, ist aber leichter zu erkennen, da es aus 3 anderen Kanji als Komponenten besteht:

雨 *(Regen)* + 木 *(Baum)* + 目 *(Auge)*

Wenn Sie diese Komponenten und ihre Bedeutungen bereits kennen, können Sie eine Geschichte oder eine Eselsbrücke für die komplexeren Kanji erstellen:

*"Wenn es oben **REGNET**, bietet ein **BAUM** Schutz, aber benutze deine **AUGEN** und halte Ausschau nach **FROST**".*

Diese Teile sind in vielen gängigen Kanji enthalten:

雨 wird verwendet, um 雲 *(Wolke)*, 雪 *(Schnee)*, 電 *(Elektrizität)*, 雷 *(Blitz)* usw. herzustellen.
木 wird verwendet, um 本 *(Buch)*, 新 *(neu)*, 床 *(Bett)*, 暦 *(Kalender)* und mehr herzustellen.
目 wird verwendet, um 息 *(Atem)*, 値 *(Preis)*, 助 *(Hilfe)*, 見 *(sehen)* usw. zu bilden.

Platzierung

In der Regel müssen Sie zunächst feststellen, welcher Teil eines Kanji das Primärradikal *(bushu)* ist. Kanji, die aus einer einzigen Komponente bestehen, sind selbst das primäre Radikal. Wenn Kanji aus mehreren Komponenten bestehen, befindet sich das Primärradikal in einer von sieben Positionen:

#	Name	Platzierung	Position	Beispiele
1	Hen 偏	Linke Seite		言 (言) in 記, 扌 (手) in 指
2	Tsukuri 旁	Rechte Seite		刂 (刀) in 利, 力 in 助, 欠 in 歌
3	Kanmuri 冠	Obere Seite		艹 (艸) in 花, 雨 in 雪, 穴 in 空
4	Ashi 脚	Untere		心 in 恋, 灬 (火) in 点, 儿 in 免
5	Tare 垂	Nordwest		厂 in 原, 尸 in 局, 广 in 店
6	Nyō 繞	Südwest		辶 (走) in 近, 走 in 起, 廴 in 建
7	Kamae 構	Anhänge *(verschiedene)*		門 in 開, 囗 in 国, 勹 in 包

Die meisten Kanji enthalten mehrere Komponenten aus der Liste der KangXi-Radikale, so dass es schwierig ist, festzustellen, wo die Zeichen in einem Wörterbuch aufgeführt sind. Die zwölf Schritte, die im Folgenden zusammengefasst sind, führen Sie in der Regel zum richtigen Teil:

1	*Ganzes*	Ist das gesamte Kanji ein Radikal für sich? (文, 長, & 黍)
2	*Einzeln*	Es darf nur ein Radikal geben (丿 in 乃)
3	*Gehäuse*	Formen, die sich über 2-4 Seiten erstrecken, sind normalerweise Radikale (匚)
4	*Links*	Auf der linken Seite, nichts oberhalb, unterhalb oder sich schneidend (木 in 板)
5	*Rechts*	Wie oben, aber auf der rechten Seite (彡 in 形)
6	*Oben*	Gibt es ein klares oberes Radikal? (大 in 奈)
7	*Unten*	Oben gibt es vielleicht 2+, aber möglicherweise auch einen unten (刀 in 劈)
8	*Oben links*	Wenn die Schritte 1-7 nicht eindeutig sind, prüfen Sie oben links (土 in 報)
9	*Oben rechts*	Prüfen Sie die obere rechte Seite (口 in 呉)
10	*Unten rechts*	Wenn immer noch kein Radikal vorhanden ist, prüfe unten-rechts (口 in 君)
11	*Unten links*	Links unten (虫 in 虱). Auch wenn alle Ecken radikal sind.
12	*Innen*	Letzter Schritt, manchmal am Anfang offensichtlich (大 in 夾, oder 女 in 嬲)

Gemeinsame Komponenten und Varianten

Diese Listen enthalten häufig verwendete *KangXi-Radikale* und -Komponenten. Einige Radikale ändern ihre Form und ihr Aussehen, wenn sie verschiedene Positionen in einem Kanji einnehmen, um in den entsprechenden Raum zu passen. Diese alternativen Versionen werden als Varianten bezeichnet und können manchmal ganz anders aussehen als ihre ursprüngliche Form *(siehe nebenstehend)*.

Radikale Spitznamen können von einer Liste zur anderen variieren - denken Sie daran, dass die Namen lediglich eine Gedächtnisstütze sind und nicht unbedingt eine Bedeutung haben. Varianten haben denselben Spitznamen wie die regulären Versionen der Zeichen, können aber umbenannt werden:

Radikal	Striche	Position	Bedeutung/Name
亠	2	oben	Deckel, oben
亻 (人)	2	links	Person
𠆢 (人)	2	oben	Person
儿	2	unten	Beine
冖	2	oben	Deckel, Krone
刂 (刀)	2	rechts	Messer, Schwert
厂	2	links-oben	Klippe
口 (口)	3	links	Mund
囗	3	umschließend	Grenze
土 (土)	3	links	Erde
女 (女)	3	links	Frau
子 (子)	3	links	Kind, Sohn
小 (小)	3	oben	klein
䒑 (小)	3	oben	klein
宀	3	oben	Dach, Haus
广	3	links-oben	schräges Dach
彳	3	links	Stufe, Straße
艹 (艸)	3	oben	Gras
辶 (辵)	3	links-unten	Straße, Weg
阝 (邑)	3	rechts	Dorf, Land
阝 (阜)	3	links	Hügel, Anhöhe
忄 (心)	3	links	Herz, Geist
扌 (手)	3	links	Hand
氵 (水)	3	links	Wasser
犭 (犬)	3	links	Biest
攵 (攴)	4	rechts	Tätigkeit, Schlag
日 (日)	4	links	Sonne, Tag, Zeit

Radikal	Striche	Position	Bedeutung/Name
月 (肉)	4	links	fleisch, fleisch
木 (木)	4	links	Baum, Holz
火 (火)	4	links	Feuer
灬 (火)	4	unten	Feuer (kochen)
王 (玉)	4	links	Juwel, Jade
礻 (示)	4	links	Altar, Fest
疒	5	links-oben	Krankheit
目 (目)	5	links	Auge
禾	5	links	Getreide
穴 (穴)	5	oben	Loch, Höhle
衤 (衣)	5	links	Kleidung
竹 (竹)	6	oben	Bambus
米 (米)	6	links	Reis
糸 (糸)	6	links	Faden
虫 (虫)	6	links	Wurm, Insekt
行	6	umschließend	zu gehen
言 (言)	7	links	Worte, sagen
貝 (貝)	7	links	Muschel, Eigentum
走 (走)	7	links-unten	laufen
足 (足)	7	links	Fuß, Bein
車 (車)	7	links	Fahrzeug, Rad
金 (金)	8	links	Metall, Gold
門	8	umschließend	Tor, Tür
雨 (雨)	8	oben	Regen
頁	9	rechts	Kopf, Seite
魚 (魚)	11	links	Fisch

Erkennen von Kanji

Jeder muss früher oder später die Bedeutung eines unbekannten Kanji nachschlagen. Unabhängig davon, wie fortgeschritten Ihr Studium ist, bleiben die Möglichkeiten, unbekannte Kanji zu überprüfen, dieselben.

Die beste Methode hängt davon ab, welches Medium Sie zum Lernen verwenden, aber die einfachste Lösung ist in der Regel die Online-Suche. Wenn Sie einen Computer, ein Smartphone oder ein ähnliches Gerät verwenden, ist das Verfahren einfach. Viele Online-Kanji-Wörterbücher wie **[jisho.org]** erleichtern die Suche nach Bedeutungen und Aussprachen, und Sie können einfach ein Kanji in die Suchleiste *kopieren und einfügen*, um loszulegen.

Oben: die grundlegenden Informationen, die typischerweise in Online-Wörterbüchern zu finden sind (siehe auch Tabelle rechts).

Unabhängig von der gewählten Methode erhalten Sie in der Regel ähnliche Informationen, wenn Sie das gewünschte Kanji gefunden haben. Einige Wörterbücher enthalten nur ein Minimum an Informationen, während andere sehr viel mehr bieten können. Die Informationen variieren von Publikation zu Publikation, so dass Sie die Rezensionen anderer Lernender konsultieren sollten, wenn Sie sich nicht sicher sind, ob ein bestimmtes Wörterbuch für Ihren Kenntnisstand geeignet ist. Wörterbücher mit zusätzlichen Informationen über die Verwendung eines Kanji, mit Beispielsätzen oder Listen von zusammengesetzten Wörtern, die mit diesem Zeichen gebildet werden, sind nützlich, enthalten aber weniger einzigartige Einträge.

1	Bedeutung	Es gibt viele, aber dies wird die häufigste sein.
2	Lesungen	Die meisten haben mehrere Aussprachen, mit 2 Typen: (a) Kun'yomi, die *japanische Aussprache* (b) On'yomi, so genannte *chinesische Aussprache*
3	Hauptradikal	Zur Indexierung von Kanji in Wörterbüchern.
4	Komponenten	Sie bilden Wörter (Kanji) wie Buchstaben. Die Grundbausteine aller Kanji, genannt bushu.
5	Striche/Bestellung	Wie viele Federstriche und in welcher Reihenfolge.
6	Schriftstile *(manchmal)*	Eine Vielzahl von Schriftarten mit handschriftlichen und modernen Stilen.
7	Andere Daten *(manchmal)*	Andere nützliche Attribute für Anfänger, wie z. B. spezifische Wörterbuchindizes usw.

Oben: Schlüssel zur Veranschaulichung typischer Wörterbucheinträge (siehe linke Seite).

Angenommen, Sie müssen ein gedrucktes oder handgeschriebenes Kanji nachschlagen: In diesem Fall können Sie auf diesen Websites die Kanji auch nach den Komponenten durchsuchen und filtern, die Sie erkennen - sogar nach einem einzelnen Radikal. Das erfordert zwar etwas Übung, vor allem, wenn man sich nicht sicher ist, welche Formen Radikale sind, aber diese Systeme sind im Allgemeinen intuitiv, so dass es sich lohnt, sie einmal auszuprobieren.

Eine weitere mögliche Lösung ist die Verwendung von Software, die Kanji erkennen kann, die in sie hineingeschrieben wurden. Sie können entweder einen Touchscreen und Ihren Finger verwenden oder die Kanji mit Ihrer Computermaus grob zeichnen, und schon werden mögliche Übereinstimmungen sichtbar. Auch hier bietet [jisho.org] eine alternative Funktion für den Fall, dass Sie ein Zeichen nicht in eine Suchmaschine kopieren und einfügen können.

Traditionelle japanische Zeichenwörterbücher sind immer eine gute, langfristige Investition. Viele Publikationen klassifizieren Kanji nach ihrem primären Radikal, oft aus der KangXi-Liste, aber einige verwenden auch modifizierte oder alternative Radikallisten. Andere Wörterbücher gruppieren die Kanji nach den Positionen, an denen die primären Radikale vorkommen, oder ordnen die Einträge nach der Anzahl der Federstriche, die man braucht, um sie zu schreiben.

Wörterbücher, die sich an Lernende mit fortgeschrittenen Kanji-Kenntnissen richten, sind langlebig, können aber in der Anfangsphase schwierig zu benutzen sein. Diejenigen, die sich an Anfänger richten, sind einfacher zu benutzen, müssen aber mit der Zeit ersetzt werden.

Kanji-Strichfolge

Lernende aller Stufen sollten sich Zeit für das Üben des Kanji-Schreibens nehmen. Die Reihenfolge der Striche spielt eine entscheidende Rolle bei der Bildung korrekter und lesbarer Zeichen, genau wie beim Kana. Allerdings kann es sehr zeitaufwändig sein, sich die Strichfolge für so viele Kanji einzuprägen, vor allem, wenn man zu den komplexesten Zeichen mit *mehr als 20 Strichen* übergeht.

Die meisten Online-Ressourcen und Wörterbücher für japanische Schriftzeichen zeigen oft die Strichfolge der Kanji an und enthalten möglicherweise Animationen. Wenn Sie diese Informationen nicht finden können oder nicht die Zeit haben, die Zeichen einzeln zu lernen, können Sie einige allgemeine Regeln für die Strichfolge auf fast alle Kanji anwenden. Wie bei allen Aspekten der japanischen Sprache wird es immer Ausnahmen von den Regeln geben.

Diese Regeln funktionieren vielleicht nicht immer perfekt, aber sie sollten über 90 % der Kanji abdecken, die Sie verwenden werden:

Arbeiten Sie von oben nach unten und von links nach rechts.

Zuerst horizontale Linien, dann vertikale.

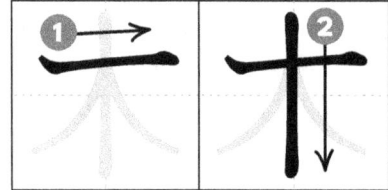

Vertikale Linien in der Mitte, davor Striche links und rechts.

Boxen sind drei Striche, nicht vier.

Außen und dann innen (Boxen), bevor sie sich schließen - aber keine C-Formen.

Zeilen, die sich mit vielen anderen überschneiden, kommen zuletzt (oder später).

X-Formen, rechts > links diagonale Linien vor links > rechts (von oben nach unten).

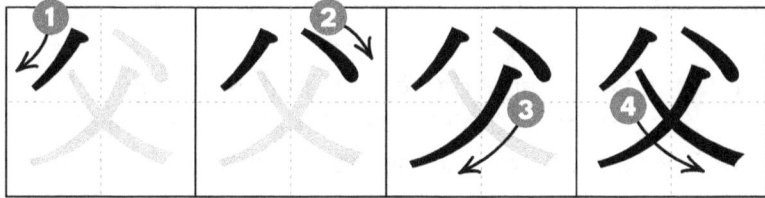

Punkte und Striche oben werden zuerst geschrieben.

Teile unterstreichen, letzte.

Die gleichen Regeln gelten auch für die komplexesten Kanji. Gehen Sie bei Zeichen, die mehrere Kanji zu haben scheinen, wie oben beschrieben vor, Komponente für Komponente. Beginnen Sie mit dem Radikal oder dem Kanji, das sich in der oberen linken Ecke oder auf der linken Seite befindet, und arbeiten Sie sich zur unteren rechten Ecke vor. Mit etwas Übung wird das Muskelgedächtnis bald übernehmen, und die Reihenfolge der Kanji-Striche wird zu einem einfacheren Aspekt des Kanji-Studiums.

Wesentliche Informationen

Die Informationen in diesem Abschnitt werden für diejenigen, die gerade erst mit dem Kanji-Studium beginnen, nicht unmittelbar hilfreich sein; eine Einführung in diese Themen kann Ihnen jedoch helfen, zu entscheiden, wie Sie Kanji lernen.

Furigana

Japanisch ist schwierig zu lesen, und selbst diejenigen, die über umfangreiche Kenntnisse verfügen, brauchen ab und zu einen kleinen Tipp. Glücklicherweise können Kanji-Texte mit Lesehilfen, so genannten Furigana, versehen sein, die beschreiben, wie Kanji *(oder sogar Kanji-Verbindungen)* zu interpretieren sind. Sie zeigen, wie ein Kanji ausgesprochen werden sollte, und geben so möglicherweise Aufschluss über die beabsichtigte Bedeutung. Diese Furigana werden oft an die Kanji in Namen angehängt, da diese häufig ungewöhnliche Kanji mit ungewöhnlicher Aussprache *(nanori)* enthalten.

Furigana (**振り仮名**) sind nur winzige Hiragana-Zeichen, die neben oder über den Kanji, die sie beschreiben, gedruckt werden. Ihre Platzierung hängt davon ab, in welcher Richtung der Text geschrieben und gelesen wird.

Auf Websites werden Furigana aufgrund von Formatierungsproblemen oft unmittelbar nach ihren Kanji-Pendants in Klammern angezeigt:

Autoren und Verleger entscheiden auf der Grundlage der erwarteten Kenntnisse ihres Publikums, ob sie Furigana-Notizen hinzufügen. Kanji-Lernmaterialien, die sich an Anfänger richten, enthalten nicht immer Furigana, da die Aussprache ohne die Bedeutung möglicherweise nicht hilfreich ist.

Okurigana

Okurigana ist einfach der Name für die Hiragana-Symbole, die auf die Kanji folgen und eine bestimmte Bedeutung der anderen Symbole kennzeichnen. Es gilt nur für Kanji, und sie sind fast immer für kun'yomi Lesungen.

Okurigana wird an einen *Kanji-Stamm* angehängt, um Verben oder Adjektive zu flektieren und zu konjugieren. Wir schreiben die Gegenwarts- und die Vergangenheitsform eines Verbs mit demselben Kanji, aber es folgen jeweils unterschiedliche Hiragana-Endungen, um das eine vom anderen zu unterscheiden.

Jukugo

Jukugo ist der Begriff für eine Art zusammengesetztes Wort, das aus zwei oder mehr Kanji besteht, die zu neuen Wörtern kombiniert werden. Die Bedeutung der einzelnen Kanji in einem Jukugo trägt in der Regel zur neueren Gesamtbedeutung und Aussprache bei, was es einfacher macht, neue und unbekannte Vokabeln zu verstehen und zu verstehen, wie sie ausgesprochen werden:

Jukugo	Bedeutung + Bedeutung	Gesamtbedeutung
子犬	Kind + Hund	= Welpe
不良	Nicht + Gut	= Böse
旅行者	Reise + Gehen + Jemand	= Tourist, Reisender
歯医者	Zahn + Medizin + Jemand	= Zahnarzt

Als Faustregel gilt: Ein Kanji ohne Okurigana ist normalerweise ein Substantiv. Ein Jukugo mit Okurigana ist in der Regel ein Verb.

Verben

Sie können erkennen, welche Kanji Verbwörter sind, indem Sie sich die folgenden Kana ansehen. Verben enden entweder mit る (ru) oder Hiragana, die う (u)-Laute darstellen, z. B. く (ku), す (su) oder ぬ (nu) usw.

Kanji Verbs	Bedeutung + '-u'-Laut	Neue Bedeutung
言う	sagen + 'u'-Laut	= zu sagen
学ぶ	studieren + 'bu'-Laut	= studieren, lernen
目覚める	Auge + wach + 'ru'-Laut	= aufwachen, erwachen

Welche Lesung?

Es ist relativ einfach, anhand von Wortarten zu bestimmen, welche Lesart für ein Kanji zu verwenden ist. Wir können aus allgemeinen Mustern, die wir in alltäglichen Begriffen sehen, einige grundlegende "Regeln" bilden. Sie werden nicht immer in jedem Fall zutreffen, aber sie sollten Ihnen den Einstieg erleichtern, oder wenn Sie nicht weiterkommen und nicht sicher sind, welche Sie verwenden sollen:

Art des Wortes	Art des Lesens	Beispiele
Kanji für sich allein	Kun'yomi	猫 (Katze), 力 (Macht)
Jukugo (nur Kanji)	On'yomi	記者 (Journalist)
Kanji mit Okurigana	Kun'yomi	辛い (würzig)
Jukugo mit Okurigana	Kun'yomi	落ち着き (sich beruhigen)

Auf den folgenden Seiten werden die "Lektüren" ausführlicher behandelt, mit Abschnitten, in denen unregelmäßige Arten von Lektüre und deren Verwendung beschrieben werden.

Über Lesungen

In den meisten Fällen gibt es bei Kanji, die mit mehreren Lesungen verbunden sind, nur eine oder zwei, die häufig nützlich sind. Auf lange Sicht können Sie viel Zeit sparen, wenn Sie für jedes neue Zeichen, das Sie lernen wollen, nur eine gute Lesung lernen.

Es ist viel einfacher, wenn Sie die Bedeutung *(und die Formen)* eines Kanji nur mit einer einzigen, wertvollen Lesung in Verbindung bringen. Sie können jederzeit ein weiteres Kanji lernen, wenn es später auftaucht. Nachdem Sie mehr Kanji in kürzerer Zeit gelernt haben, können Sie früher mit dem Vokabelstudium beginnen - und stoßen dabei ganz natürlich auf die anderen, etwas weniger hilfreichen Lesarten.

Dieser Ansatz entspricht vielleicht nicht den bevorzugten Lernmethoden eines jeden Schülers, aber vielleicht lässt sich das Konzept an Ihre Ziele anpassen.

Wie & Wann (ungefähr)

Nähere Angaben zur Verwendung der einzelnen Lesungen:

Viele Wörter mit eigenständigen Kanji verwenden Kun'yomi-Lesungen, aber nicht zu 100%. Zu den Begriffen mit einzelnen Kanji gehören Substantive, und der Einfachheit halber gehören sie normalerweise zu den ersten Zeichen, die wir lernen. Es gibt viele Wörter, die On'yomi erfordern, einschließlich einstelliger Kanji-Zahlen:

Wort	Art	Lesung	Bedeutung
人	(Kun)	ひと	Person
手	(Kun)	て	Hand
心	(Kun)	こころ	Herz
一	(On)	いち	ein
本	(On)	ほん	Buch
文	(On)	ぶん	Satz

Ein Jukugo hat in der Regel eine On-Lesung und sieht dem Chinesischen sehr ähnlich *(nur Kanji, eines nach dem anderen)*.

Sie können manchmal Kun- Lesungen haben, aber diese sind selten. Diese beziehen sich oft auf *Naturthemen* oder die *Himmelsrichtungen*:

Wort	Art	Lesung	Bedeutung
東京	(On)	とうきょう	Tokio
先生	(On)	せんせい	Lehrer
最高	(On)	さいこう	beste
場合	(Kun)	ばあい	Gehäuse
虫歯	(Kun)	むしば	Hohlraum
朝日	(Kun)	あさひ	Morgensonne

Praktisch alle Kanji, die mit Okurigana geschrieben werden, haben eine kun-Lesung. *Das Vorhandensein von okurigana zeigt oft an, dass ein Wort ein Verb oder ein Adjektiv ist, aber einige können auch Substantive sein.*

Wort	Art	Lesung	Bedeutung
食べる	(Kun)	たべる	zum Essen
行く	(Kun)	いく	zum Mitnehmen
大きい	(Kun)	おおきい	groß

Gemischte Herkunft Lesungen

Zusammengesetzte Wörter können Kanji mit beiden Lesarten enthalten, und wir sprechen einen Teil des Wortes mit einem On'yomi aus, während der andere Teil ein Kun'yomi hat - **es gibt zwei Arten: On/Kun und Kun/On.** Sie können jederzeit auf eine dieser beiden Arten von *"jukugo"* stoßen, denn einige der Vokabeln, die sie darstellen, sind nicht ungewöhnlich.

Lesungen gemischten Ursprungs haben ihre eigenen Namen, die von einem Beispiel der betreffenden Wortart abgeleitet sind:

	Wort	Lesung	Bedeutung
Yutō-yomi 湯桶読み	湯桶	ゆ + トウ = ゆとう	*Heißwasser Eimer*
sind zusammengesetzte Wörter, bei denen das erste Kanji als Kun- und das zweite als On- gelesen wird:	夕刊	ゆう + カン = ゆうかん	*Abendzeitung Zeitung*
	手帳	て + チョウ = てちょう	*Notizbuch*
Jūbako-yomi 重箱読み	重箱	ジュウ + ばこ = じゅうばこ	*verschachtelte Boxen*
funktionieren in umgekehrter Weise, wobei das erste Kanji ein On- und das zweite ein Kun'yomi ist:	役場	ヤク + ば = やくば	*Rathaus*
	金色	キン + いろ = きんいろ	*Gold (Farbe)*

Ateji - Kanji, die leihen

Ateji sind in der Regel Fremdwörter, die mit Kanji dargestellt *(buchstabiert)* werden. Die Zeichen wurden nach ihren Lauten *(Lesungen)* ausgewählt und zu einem entsprechenden phonetischen Wort kombiniert. Nur selten gab es eine Korrelation zwischen den zugrunde liegenden Kanji-Bedeutungen und dem Wort, das sie buchstabierten. Mit anderen Worten, wir können die Bedeutung von ateji in der Regel nicht entschlüsseln, indem wir ihre Teile untersuchen.

In der Meiji-Periode *(1868-1912)* begannen die Japaner schließlich, Fremdwörter in Katakana zu schreiben, aber man trifft auch heute noch auf Ateji. Dabei handelt es sich in der Regel um ältere, archaische Wörter, die manchmal wegen ihres "traditionellen" Aussehens bei bestimmten Anwendungen, *z. B. bei Beschilderungen, bevorzugt werden*. Ateji wurden oft für ausländische Ortsnamen oder Länder verwendet, später vereinfacht und dann mit Katakana geschrieben:

Gairaigo - Lehnwörter

Gairaigo ist das japanische Wort zur Beschreibung ausländischer *"Lehnwörter"*. Wörtlich übersetzt bedeutet gairaigo *"Wörter, die von außerhalb kommen" (oder so ähnlich)* und bezeichnet Ideen und Objekte, für die es im Japanischen keine Entsprechung gibt. Sie werden mit Katakana geschrieben und klingen oft ähnlich wie das ursprüngliche Wort: *phonetisch gesehen haben sie einen eindeutig japanischen Einschlag.*

Gairaigo, das aus Ihrer eigenen Sprache stammt, kann leicht zu verstehen und zu buchstabieren sein, selbst wenn Sie es zum ersten Mal hören oder lesen. Das gairaigo-Wort für *"Teilzeitarbeit"* ist ein hervorragendes Beispiel:

アルバイト
(arubaito)
Bedeutung: Teilzeitarbeit

Die meisten gairaigo stammen aus dem Englischen, wie z. B. *"dry cleaning" (Chemische Reinigung)* oder das in jüngerer Zeit entstandene Wort für *"Fake News" (gefälschte Nachrichten)*. Es gibt noch viele andere, die den Französisch-, Italienisch- oder Portugiesischsprechern bekannt vorkommen werden.

ドライクリーニング
(dorai kuriiningu)

フェイクニュース
(feiku-nyuusu)

Einige Lehnwörter können auch eine bestehende Idee anders ausdrücken. Es gibt viele Wörter, die dieselbe Bedeutung ausdrücken, aber wir werden einige in mehr oder weniger formellen Situationen verwenden. In einem anderen Beispiel *(rechts)* drückt jeder der Begriffe eine ähnliche Idee aus; der obere ist die sino-japanische Version *(chinesische)*, die wir in formellen Kontexten verwenden, und das gairaigo-Wort unten ist besser für eine zwanglosere Umgebung geeignet:

会議
(kaigi) Konferenz

打ち合わせ
(uchiawase)
Geschäftstreffen

ミーティング
(miitingu) Meeting

Bestimmte gairaigo können einem Kanji-Zeichen zugeordnet und in die Liste der zugehörigen kun'yomi-Lesungen aufgenommen werden. Diese gairaigo haben keine gemeinsamen Bedeutungen oder Lesungen mit den zugehörigen Kanji und werden daher nicht als ateji betrachtet. In der Regel handelt es sich um gebräuchliche Wörter *(z. B. metrische Maßeinheiten)*, die wahrscheinlich einfacher und schneller zu schreiben sind:

米 (メートル)
(meetoru)
Bedeutung: Meter
(von französisch 'mètre')

Gikun - Kontextuelle Lesungen

Gikun ist die Bezeichnung für unregelmäßige Lesungen, die wir den Kanji zuweisen, indem wir sie in den Raum einfügen, der *normalerweise für Furigana* verwendet wird. In der Regel assoziieren sie ein Kanji-Wort mit einer anderen Bedeutung, die wahrscheinlich nicht mit diesem Kanji verbunden ist. Sie gelten nur im Kontext der jeweiligen Publikation, in der sie zu finden sind, und werden oft in *Comicroman* verwendet, um fiktive Lesungen für erfundene Begriffe oder Soundeffekte hinzuzufügen.

Nanori - Lesen von Namen

"Nanori" ist der Begriff für unregelmäßige Lesungen von Kanji-Zeichen, die nur verwendet werden, wenn sie Teil eines Namens sind. In vielen Namen werden noch normale Kanji mit normaler Lesung verwendet, aber viele Namen enthalten unregelmäßige Lesungen und seltene Zeichen, die wir im Alltagsjapanisch einfach nicht verwenden.

Wenn man sich in Japan gegenseitig anspricht, steht der Familienname in der Regel vor dem Vornamen. Nachnamen bestehen oft aus Kanji, die mit *"Naturthemen"* verbunden sind. Eines der häufigsten Beispiele ist wahrscheinlich 鈴木 (すずき) oder *"Suzuki"*, wobei 鈴 *"Glocke"* bedeutet und 木 *"Baum"* oder *"Holz"*. In der japanischen Kultur ist es üblich, dass ein Vorname Kanji enthält, die positive oder nützliche Eigenschaften ausdrücken, wie z. B. 歩美 (あゆみ) oder *"Ayumi"*, wobei 歩 *"Fortschritt"* bedeutet und 美 die Vorstellung von *"Schönheit"* ausdrückt, zum Beispiel.

Nanori kann gelegentlich dasselbe sein wie On- oder Kun- eines Kanjis, aber es handelt sich dabei um eine ganz besondere Art der Lesung, die man nicht immer in Wörterbüchern findet.

Um zu veranschaulichen, wie verwirrend nanori sein kann, können Sie versuchen, die Kanji-Lesungen des Namens einer berühmten japanischen Person zu überprüfen: Der 124. Kaiser von Japan, der von 1926 bis 1989 regierte, war unter seinem persönlichen Namen 裕仁 (ひろひと) bekannt, gelesen als Hirohito.

(Kaiser Hirohito wird posthum als Kaiser Shōwa bezeichnet)

Namen können mit Dutzenden von verschiedenen Kanji in Verbindung gebracht werden. Mit anderen Worten: Verschiedene Personen mit demselben Namen schreiben ihren Namen mit einem ganz anderen Kanji. Der Unisex-Name *"Akira"* (あきら), der *"hell"* oder *"klar"* bedeutet, ist eines von vielen Beispielen. Die Liste der Schreibweisen für *"Akira"* (rechts) ist nicht vollständig:

Im Zusammenhang mit dem Erlernen des Lesens, Schreibens und Sprechens der japanischen Sprache ist es nicht notwendig, nanori auswendig zu lernen. Sie sind so zahlreich, dass man wahrscheinlich ein ganzes Leben damit verbringen könnte, sie zu lernen. Nanori kann man auf natürliche Weise lernen, indem man Leute, die man trifft, einfach fragt, wie sie ihren Namen aussprechen.

Kokuji – Einheimisches Kanji

Obwohl Japan sein Schriftsystem ursprünglich aus China importiert hat, haben die Japaner dennoch Hunderte von einheimischen Kanji aus denselben Komponenten geschaffen. Diese sind als kokuji oder "nationale Zeichen" bekannt und beschreiben Kanji, die die Japaner in Japan geschaffen haben.

Interessanterweise kann ein Kanji nicht als Kokuji eingestuft werden, wenn es zufällig ein früheres chinesisches Kanji gibt, das genauso aussieht - selbst wenn die beiden nicht miteinander verwandt sind und ihre visuelle Gestaltung reiner Zufall ist. Kokuji muss zuerst in Japan produziert und veröffentlicht worden sein.

	Lesung		Bedeutung
鴫	しぎ	shigi	Schnepfe (Fisch)
鯒	こち	kochi	Flachkopf (Fisch)
鯰	なまず	namazu	Wels (Fisch)
鰰	はたはた	hatahata	Sandfisch (Fisch)
鰯	いわし	iwashi	sardine (fisch)
鱈	たら	tara	kabeljau (fisch)
鯱	しゃち	shachi	Orca (Fisch)
笹	ささ	sasa	bambusgras
榊	さかき	sakaki	Cleyera japonica (Baum)
樫	かし	kashi	Eiche (baum)

	Lesung		Bedeutung
凧	たこ	tako	Drachen
俥	くるま	kuruma	Rikscha
饂	うどん	udon	Udon-Nudeln
橡	とち	tochi	Rosskastanie
辻	つじ	tsuji	Kreuzung
垈	ぬた	nuta	Sumpf, Feuchtgebiete
籾	もみ	momi	ungeschälter Reis
產	ござ	goza	Matte, Matten
鑓	やり	yari	Speer, Wurfspeer
叺	かます	kamasu	Strohsack

Oben: Kokuji wurden für Objekte und Konzepte geschaffen, für die es damals keine Entsprechung im Chinesischen gab - die meisten Kokuji stellen die einheimische japanische Flora und Fauna dar.

Die meisten kokuji brauchen Sie wahrscheinlich nicht zu lernen, aber es gibt neun in der offiziellen Liste der *Jōyō-Kanji*. Die Jōyō-Kanji bestehen aus 2136, die den Japanern während ihrer Zeit im nationalen Bildungssystem beigebracht werden, und daher sind sie die Kanji, die man kennen muss, um als "gebildet" zu gelten.

	Lesung		Bedeutung
畑	はたけ	hatake	bewirtschaftetes Feld von Feldfrüchten
腺	せん	sen	Drüse
峠	とうげ	tōge	Gebirgspass
枠	わく	waku	Rahmen
塀	へい	hei	ein Zaun oder eine Mauer
搾(る)	しぼ(る)	shibo(ru)	auspressen
働(く)	はたら(く)	hatara(ku)	arbeiten
込(む)	こ(む)	ko(mu)	überfüllt sein
匂(う)	にお(う)	nio(u)	riechen, wohlriechend sein

Wie zu erwarten, haben die japanischen kokuji im Allgemeinen nur einheimische kun'yomi-Lesungen, aber einige haben beide und in einigen wenigen Fällen gibt es kokuji, die nur on'yomi-Lesungen haben.

N5-Stufe Kanji

TEIL 3

Es ist sinnvoll, diese N5-Kanji zuerst zu lernen, da sie zu den am häufigsten vorkommenden gehören, wenn man Vokabeln lernt oder beginnt, japanische Texte zu lesen. Viele von ihnen sind Radikale und müssen unabhängig voneinander gelernt oder auswendig gelernt werden. *Radikale sind die grundlegenden Teile, oft mit einfacheren Formen, aus denen alle Kanji zusammengesetzt sind.*

Das Erlernen der Radikale mag schwierig erscheinen, wenn man mit wenig oder gar keinem Wissen beginnt, aber wie bereits in diesem Arbeitsbuch erwähnt, sollte das Erlernen der Radikale das spätere Erlernen fortgeschrittener oder komplexer Kanji erleichtern.

Auf den nächsten Seiten sind die Kanji, die Sie lernen werden, nach allgemeinen Themen gruppiert, z. B. Zahlen, Zeit, Dinge, Orte usw. Es kann einfacher sein, sich ein Zeichen zu merken und zu lernen, wenn es mit einem anderen, verwandten Wort verbunden ist.

Zahlen

Die Romaji-Zahlen von 1 bis 10 werden in Japan sehr häufig verwendet, aber die Kanji müssen noch gelernt werden. Zum Glück haben sie einige der einfachsten Formen! Achten Sie darauf, das Kanji 千 nicht mit dem Katakana チ (chi) zu verwechseln, da es gleich klingt:

N5 Kanji	Grundbedeutung	N5 Wortschatz	
一	eins, 1	一人	eine Person, allein
二	zwei, 2	二人	zwei Personen, Paar
三	drei, 3	三日	3. Tag des Monats
四	vier, 4	四日	4. Tag des Monats
五	fünf, 5	五日	5. Tag des Monats
六	sechs, 6	六日	6. Tag des Monats
七	sieben, 7	七日	7. Tag des Monats
八	acht, 8	八日	8. Tag des Monats
九	neun, 9	九日	9. Tag des Monats
十	zehn, 10	十日	10. Tag des Monats
百	hundert	百万円	1 Million Yen
千	tausend	千万円	10 Millionen Yen
万	zehntausend	万年筆	Füllfederhalter
円	Yen, Kreis, rund	円い	rund

Zeit

Japanische Kanji, die für Zahlenwörter stehen, werden oft mit denen kombiniert, die für Zeit- und Datumsvokabeln verwendet werden, daher ist es sinnvoll, sie in diese zweite Gruppe aufzunehmen.

Der Name für jeden Mondkalendermonat (Januar, Februar usw.) wird gebildet, indem dem Kanji 月, das im Japanischen für "Monat" steht, eine Zahl vorangestellt wird. Zum Beispiel bedeutet das Wort 六月 ("6" + "Monat") "6. Monat des Mondkalenders" oder "Juni".

N5 Kanji	Grundbedeutung	N5 Wortschatz	
日	Tag, Sonne	明日	morgen
週	Woche	毎週	jede Woche
月	Monat, Mond	月曜日	Montag
年	Jahr	今年	dieses Jahr
時	Zeit, Stunde	時計	Uhr, Uhr
間	Zeitrahmen, Zeitspanne	時間	Zeit, Stunden
分	Minute, Teil, zu verstehen	三十分	dreißig Minuten
午	Mittag	午前	Morgen, A.M.
前	vor	名前	Name
後	nach, später, hinter	午後	Nachmittag, P.M.
今	jetzt	今晩	heute Abend
先	vor, voraus, zukünftig	先週	letzte Woche
来	kommen	来月	nächsten Monat
半	Hälfte, Mitte	半分	halb
毎	jeder, jede	毎日	jeden Tag
何	was, welche, wie viele	何曜日	welcher Tag der Woche

Kombiniert man das Kanji 来 mit einem anderen Zeitzeichen, entstehen Vokabeln wie "nächster Monat" (来月 = "Zukunft + Monat"). Dieses Kanji wird auch verwendet, um das unregelmäßige Verb 来る, das *"kommen"* oder *"ankommen"* bedeutet. Obwohl es eines der am häufigsten verwendeten (und zuerst erlernten) Verben ist, folgt es nicht den grundlegenden Konjugationsmustern.

Sie werden in einem späteren Kapitel mehr über die Konjugationsmuster von Verben erfahren.

Menschen und Dinge

Achten Sie in dieser Gruppe besonders auf die Kanji, die für natürliche Elemente wie Erde, Feuer und Wasser stehen. Die japanische Kultur misst der Natur seit langem große Bedeutung bei, und diese primitiven Begriffe verleihen vielen anderen Wörtern ihre Bedeutungen. Diese Kanji haben mehr Lesarten als andere und kommen in einer Vielzahl von anderen Vokabeln und Kanji vor.

Bestimmte Kanji dieser Gruppe werden auch in verschiedenen Situationen unterschiedlich gelesen, haben aber dieselbe Bedeutung - wie 母 und 父. Man würde sie als "ha-ha" und "chi-chi" aussprechen, wenn man sich auf seine Eltern bezieht, aber als "kaa (wie in お母さん) und "tou" (wie in お母さん), wenn man sie direkt anspricht. Bei den Namen anderer Verwandter ändert sich die Aussprache wieder und muss leider individuell erlernt werden.

N5 Kanji	Grundbedeutung	N5 Wortschatz	
人	Person	人々	Menschen
男	Mann, Junge, männlich	男の子	Junge
女	Frau, Mädchen, weiblich	女の子	Mädchen
子	Kind	子供	Kind
母	Mutter	母	Mutter
父	Vater	父	Vater
友	Freund	友達	Freund
火	Feuer	火曜日	Dienstag
水	Wasser	水曜日	Mittwoch
木	Baum, Holz	木曜日	Donnerstag
土	Erde, Boden	土曜日	Samstag
金	Geld, Gold	金曜日	Freitag
本	Buch, Quelle	日本語	Japanisch
川	Fluss	川	Fluss
花	Blume	花火	Feuerwerk
気	Geist	元気	gesund, Geist, gut
生	Leben, leben, wachsen	生徒	Schülerin
魚	Fisch	魚	Fisch
天	Himmel	天気	Wetter

N5 Kanji	Grundbedeutung	N5 Wortschatz	
空	Himmel, leer	空	Himmel
山	Berg	山	Berg
雨	Regen	雨	Regen
電	Strom	電気	Elektrizität
車	Auto, Fahrzeug	電車	elektrische Eisenbahn
語	Sprache, Wort, plaudern	英語	Englische Sprache
耳	Ohr	耳	Ohr
手	Hand	手紙	Buchstabe
足	Fuß, hinzufügen	足	Fuß
目	Auge	目	Auge
口	Mund	出口	Ausgang
名	Name	名前	Name

Adjektive

Die Kanji dieser Gruppe werden in der Regel für Beschreibungen als Adjektive auf der Stufe N5 verwendet und nehmen oft das Kun'yomi an. On-Lesungen werden mit anderen Kanji kombiniert, um ein beschreibendes Substantiv zu bilden.

N5 Kanji	Grundbedeutung	N5 Wortschatz	
多	viel, viele	多い	viele
少	ein wenig, wenige	少ない	wenige
古	alt	古い	alt
新	neu	新しい	neu
大	groß, viel	大きい	groß
小	wenig, klein	小さい	wenig
安	billig, Sicherheit, Frieden	安い	billig
高	teuer, hoch	高い	teuer
長	lang, Führer	長い	lang
白	weiß	白い	weiß

Verben

Der JLPT N5 erfordert die Kenntnis der Kanji, die für gängige Verben wie *"essen"* oder *"trinken"* stehen. Diese Kanji haben mehrere Aussprachen, müssen aber nur in ihrer Kun-Lesart gelesen werden, wenn sie als Verb verwendet werden.

N5 Kanji	Grundbedeutung	N5 Wortschatz	
見	sehen, sichtbar sein, zeigen	見せる	zeigen
聞	hören, zuhören, fragen	聞く	zuhören, hören
書	schreiben	辞書	Wörterbuch
読	lesen	読む	lesen
話	sprechen, Konversation	電話	Telefon
買	kaufen	買い物	einkaufen
行	gehen, ausführen	銀行	Bank
出	hinausgehen, weggehen	出かける	Ausgehen
入	hineingehen, hineintragen	入口	Eingang
休	ausruhen, Pause, Urlaub	休む	einen Tag frei nehmen
食	essen, Nahrung	食堂	Speisesaal
飲	zu trinken, ein Getränk	飲み物	Getränk
言	sagen, Wort oder Bemerkung	言う	sagen
立	stehen	立つ	stehen
会	treffen, Gesellschaft	会社	Firma

Die Prüfung prüft die Beherrschung der Kanji-Verben und ihrer Kun-Lesungen, aber drei werden auch mit On-Lesungen verwendet: die Zeichen 読 *(lesen)*, 書 *(schreiben)* und 聞 *(hören)* kommen in den Anleitungen für die verschiedenen Prüfungsteile vor. Sie sollten sich die On-Lesungen unbedingt einprägen, um sicher zu sein, welchen Teil der Prüfung Sie ablegen!

Einige andere Zeichen, die in dieser Gruppe häufig als On-Lesungen vorkommen, sind: 食 *(essen)* und 会 *(Gesellschaft)*.

Wegbeschreibung & Orte

Diese Gruppe enthält gebräuchliche Kanji, die häufig in vielen Alltagswörtern verwendet werden. Es gibt einige Muster in ihrer Verwendung, wie z. B. 店, das normalerweise die Lesung on annimmt, wenn es in Verbindung mit anderen Kanji verwendet wird, aber kun-, wenn es allein verwendet wird. Diese Muster werden normalerweise mit der Zeit deutlich.

N5 Kanji	Grundbedeutung	N5 Wortschatz	
店	Shop	喫茶店	Kaffeehaus
駅	Bahnhof	駅前	vor dem Bahnhof
道	Straße, Pfad, Weg	道具	Werkzeug
社	Schrein, Gesellschaft	社長	Präsident einer Firma
国	Land	外国人	Ausländer
外	draußen	外国	ausländisches Land
学	Schule, Lernen	大学	Universität
校	Schule	学校	Schule
上	oben, oben	上着	Jacke
下	unten, unten	靴下	Socken
中	Mitte, Zentrum, zwischen	日中	tagsüber, mittags
北	Norden	北	Norden
西	Westen	西	Westen
東	Osten	東京	Tokio
南	Süden	南	Süden
右	rechts	右	rechts
左	links	左	links

Viele der Kanji in diesen Listen haben mehrere verschiedene Bedeutungen, aber der JLPT N5 verlangt nicht, dass Sie alle Details kennen. In den meisten Fällen sind die zusätzlichen Bedeutungen nicht so häufig und werden im Alltagsjapanisch nicht verwendet. Aus diesem Grund enthält jede Kanji-Lernseite nur eine kleine Auswahl der häufigsten oder nützlichsten Vokabeln.

Indem Sie nur die wichtigsten und hilfreichsten Wörter oder Details lernen, machen Sie schneller Fortschritte. Diese Methode funktioniert für die meisten Zeichen in diesen Listen. Wenn Sie sich erst einmal ein solides Fundament an grundlegenden, aber wichtigen Kenntnissen angeeignet haben, wird es Ihnen später leichter fallen, zusätzliche Lesarten und Vokabeln zu lernen.

Lernen der Kanji

Der folgende Abschnitt des Arbeitsbuchs enthält eine Reihe von Studienseiten für jedes der Kanji der Stufe N5. Ein Beispiel für deren Layout und wichtige Merkmale finden Sie unten:

1. Ausgewähltes Kanji-Zeichen
2. Allgemeine/übliche Bedeutung
3. Hauptradikal oder Bushu
4. Striche insgesamt
5. Andere Bestandteile
6. Übliche Kun-Lesarten
7. Gemeinsame On-Lesungen
8. Formen der Serifenschrift
9. Nützliches und N5-Vokabular
10. Diagramme zur Strichfolge
11. 1,0-Zoll-Schreibübungsraster
12. 0,7-Zoll-Schreibübungsraster

Wenn Sie sich einem neuen Kanji nähern, sollten Sie seine Aussprache üben und sich merken, für welche Art von Vokabeln es steht. Mit zunehmender Kenntnis können Sie neue Kanji mit denen verknüpfen, die Sie bereits gelernt haben. Der Wissensaufbau über Kanjis dauert länger als das Auswendiglernen von Kanjis – ganz einfach, weil es für jedes Zeichen mehr zu merken gibt.

Jede Kanji-Gruppe endet mit einem Wiederholungsteil, der Ihr Wissen über die bis dahin gelernten Kanji überprüft. Die Fragen auf diesen Überprüfungsseiten werden schwieriger, je weiter Sie mit dem Arbeitsbuch fortschreiten. Wenn sie zu schwierig werden, sollten Sie einen Schritt zurücktreten - es ist wichtig, dass Sie sich die grundlegenden Informationen einprägen, bevor Sie mit vielen neuen Kanji weitermachen. Regelmäßige Pausen können beim Auswendiglernen sehr hilfreich sein - versuchen Sie, zwischen den Kanji einer bestimmten Gruppe vor- und zurückzuspringen, und testen Sie dann Ihr Gedächtnis. Wenn Sie eine Pause vom Kanji-Wissen brauchen, aber weiterhin motiviert sind, mehr über Japanisch zu lernen, können Sie sich auch mit den grammatikbezogenen Themen in den späteren Kapiteln beschäftigen.

Tipp: Das Umschreiben oder Übertragen von Kanji-Informationen in ein anderes leeres Lernbuch kann helfen. Jedes Notizbuch ist dafür geeignet, aber ich habe auch einen "Kanji Study Companion" (Studienbegleiter) für genau diesen Zweck entwickelt - organisiertes Lernen ist effektiver!

Hiragana

	a	i	u	e	o
	あ a	い i	う u	え e	お o
k	か ka	き ki	く ku	け ke	こ ko
s	さ sa	し shi	す su	せ se	そ so
t	た ta	ち chi	つ tsu	て te	と to
n	な na	に ni	ぬ nu	ね ne	の no
h	は ha	ひ hi	ふ fu	へ he	ほ ho
m	ま ma	み mi	む mu	め me	も mo
y	や ya		ゆ yu		よ yo
r	ら ra	り ri	る ru	れ re	ろ ro
w	わ wa		ん n		を wo

Katakana

	a	i	u	e	o
	ア a	イ i	ウ u	エ e	オ o
k	カ ka	キ ki	ク ku	ケ ke	コ ko
s	サ sa	シ shi	ス su	セ se	ソ so
t	タ ta	チ chi	ツ tsu	テ te	ト to
n	ナ na	ニ ni	ヌ nu	ネ ne	ノ no
h	ハ ha	ヒ hi	フ fu	ヘ he	ホ ho
m	マ ma	ミ mi	ム mu	メ me	モ mo
y	ヤ ya		ユ yu		ヨ yo
r	ラ ra	リ ri	ル ru	レ re	ロ ro
w	ワ wa	** ン n			ヲ wo

Bedeutung	eine, 1, beste, erste	Bestandteile	一
Radikal	一 (eine)	Kun'yomi	ひと-、ひと.つ
Striche	1	On'yomi	イチ、イツ

Vokabeln	Bedeutung	Aussprache
一	eine, für eine Sache, nur, (nicht) sogar	ひとつ
一	eins, 1, am besten, zuerst, Anfang, starten	いち / イチ
一寸	ein wenig, ein bisschen, etwas, kurz, ziemlich,	ちょっと
一人	eine Person	ひとり

Reihenfolge der Striche

Übung zum Schreiben

Kanji für Zahlen

Bedeutung	zwei, 2	Bestandteile	二
Radikal	二 (zwei)	Kun'yomi	ふた、ふた.つ
Striche	2	On'yomi	ニ、ジ

Vokabeln	Bedeutung	Aussprache
二	zwei, 2	ニ / に
二日	2. Tag des Monats, 2 Tage	ふつか
二月	Februar, 2. Monat des Kalenders	にがつ
二人	zwei Personen, zwei Personen, Paar	ふたり

Reihenfolge der Striche

Übung zum Schreiben

JLPT N5

Bedeutung	drei, 3		**Bestandteile**	一 二
Radikal	一 (eine)		**Kun'yomi**	み、み.つ、みっ.つ
Striche	3		**On'yomi**	サン、ゾウ

Vokabeln	Bedeutung	Aussprache
三	drei, 3	サン / さん
三日	3. Tag des Monats	みっか
三月	März, 3. Monat des Kalenders	さんがつ
三十日	letzter Tag des Monats	みそか

Reihenfolge der Striche

Übung zum Schreiben

Kanji für Zahlen

Bedeutung	vier, 4	**Bestandteile**	ル口
Radikal	口 (Gehäuse)	**Kun'yomi**	よ、よ.つ、よっ.つ
Striche	5	**On'yomi**	シ

Vokabeln	Bedeutung		Aussprache
四	vier, 4		シ / し / よん
四日	4. Tag des Monats		よっか
四月	April, 4. Monat des Kalenders		シガツ
四つ	vier, vier Jahre alt		よん / よっつ

Reihenfolge der Striche

Übung zum Schreiben

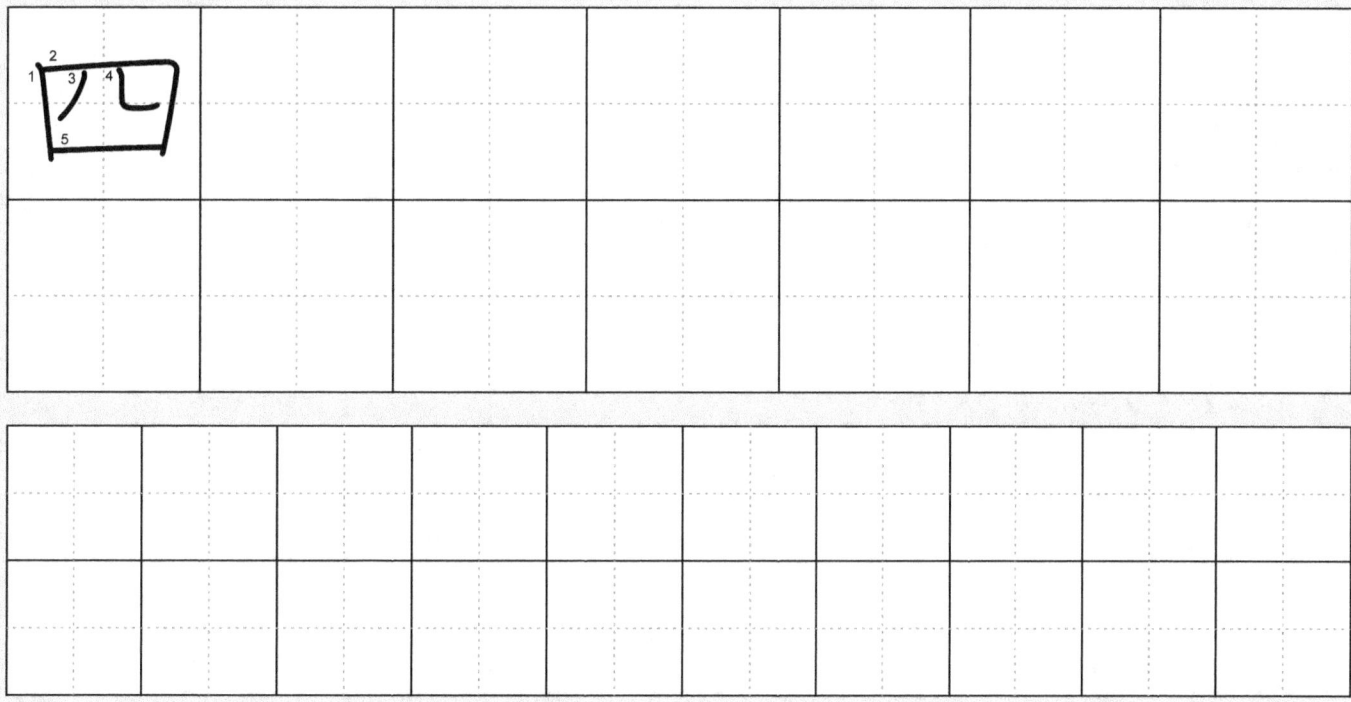

JLPT N5

Bedeutung	fünf, 5		**Bestandteile**	五
Radikal	二 (zwei)		**Kun'yomi**	いつ、いつ.つ
Striche	4		**On'yomi**	ゴ

Vokabeln	Bedeutung	Aussprache
五	fünf, 5	ゴ / ご
五日	5. Tag des Monats	いつか
五月	Mai, 5. Monat des Kalenders	ゴガツ
五つ	fünf, fünf Jahre alt	いつつ

Reihenfolge der Striche

Übung zum Schreiben

Kanji für Zahlen

Bedeutung	sechs, 6	Bestandteile	亠 八
Radikal	八 (acht)	Kun'yomi	む、む.つ、むっ.つ
Striche	4	On'yomi	ロク、リク

Vokabeln	Bedeutung		Aussprache
六	sechs, 6		ロク / ろく
六日	6. Tag des Monats		むいか
六月	Juni, 6. Monat des Kalenders		ロクガツ
六つ	sechs, sechs Jahre alt		むっつ

Reihenfolge der Striche

Übung zum Schreiben

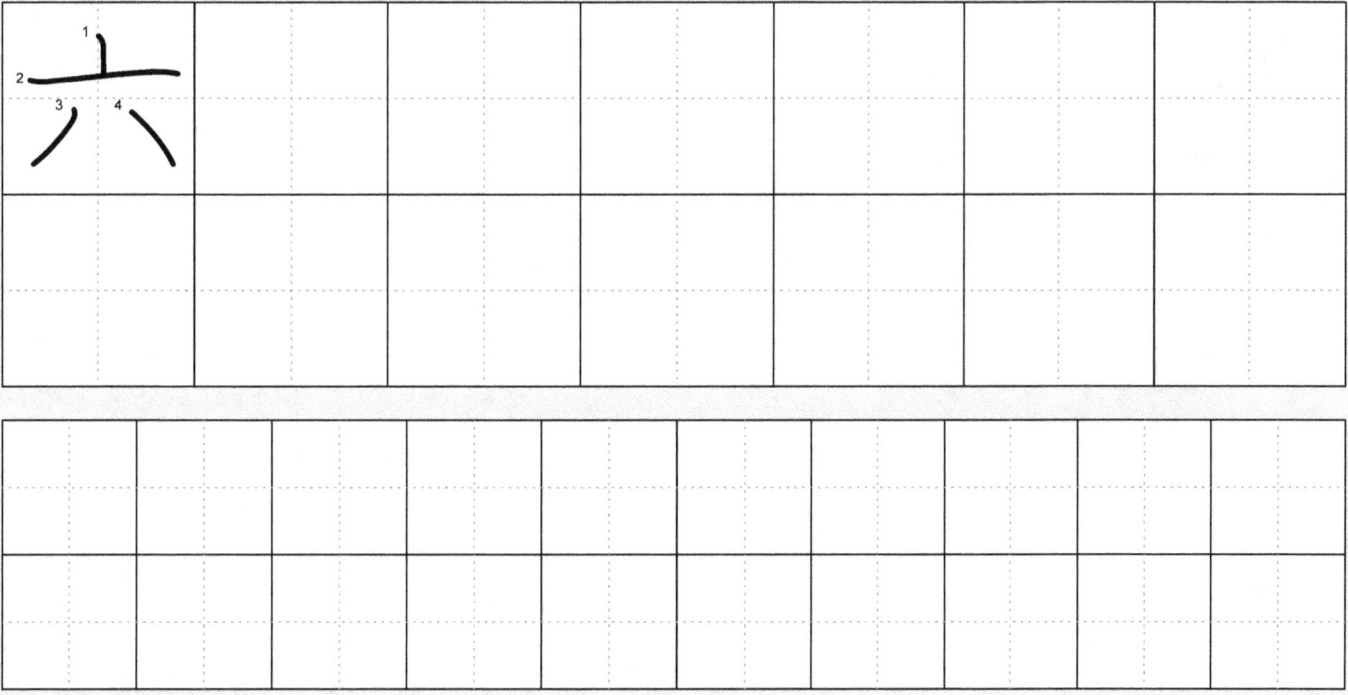

JLPT N5

Bedeutung	sieben, 7		Bestandteile	乙ノヒ
Radikal	一 (eine)		Kun'yomi	なな、なな.つ、なの
Striche	2		On'yomi	シチ

Vokabeln	Bedeutung	Aussprache
七	sieben, 7	シチ / しち / なな
七日	7. Tag des Monats	なのか
七月	Juli, 7. Monat des Kalenders	シチガツ
七つ	sieben, sieben Jahre alt	ななつ

Reihenfolge der Striche

Übung zum Schreiben

Kanji für Zahlen

Bedeutung	acht, 8	Bestandteile	八
Radikal	八 (acht)	Kun'yomi	や、や.つ、やっ.つ
Striche	2	On'yomi	ハチ、ハツ

Vokabeln	Bedeutung		Aussprache
八	acht, 8		ハチ / はち
八日	8. Tag des Monats		ようか
八月	August, 8. Monat des Kalenders		だす
八つ	acht, acht Jahre alt		やっつ

Reihenfolge der Striche

Übung zum Schreiben

JLPT N5

Bedeutung	neun, 9	Bestandteile	九
Radikal	乛 (zweite)	Kun'yomi	ここの、ここの.つ
Striche	2	On'yomi	キュウ、ク

Vokabeln	Bedeutung		Aussprache
九	neun, 9		キュウ / きゅう
九日	9. Tag des Monats		ここのか
九月	September, 9. Monat des Kalenders		クガツ
九つ	neun, neun Jahre alt		ここのつ

Reihenfolge der Striche

Übung zum Schreiben

Kanji für Zahlen

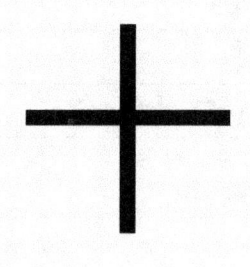

Bedeutung	10, zehn Jahre alt	**Bestandteile**	十
Radikal	十 (zehn)	**Kun'yomi**	とお、と、そ
Striche	2	**On'yomi**	ジュウ、ジッ、ジュッ

Vokabeln	Bedeutung	Aussprache
十	zehn, 10, zehn Jahre alt	じゅう / ジュウ
十日	10. Tag des Monats	とおか
十回	zehnmal	ジッカイ
十分	genug, ausreichend, viel, angemessen	じゅうぶん

Reihenfolge der Striche

Übung zum Schreiben

JLPT N5

Bedeutung	hundert, 100	**Bestandteile**	一 白
Radikal	白 (weiß)	**Kun'yomi**	もも
Striche	6	**On'yomi**	ヒャク、ビャク

Vokabeln	Bedeutung		Aussprache
百	hundert, 100		ヒャク
百	hundert, 100, (sehr) viele		もも
百貨店	Kaufhaus		ひゃっかてん
百万円	1 Million Yen (100万円)		ひゃく まん えん

Reihenfolge der Striche

Übung zum Schreiben

Kanji für Zahlen

Bedeutung	1.000, tausend	**Bestandteile**	ノ 十
Radikal	十 (zehn)	**Kun'yomi**	ち
Striche	3	**On'yomi**	セン

Vokabeln	Bedeutung		Aussprache
千	*1000, tausend*		セン
千	*1000, tausend*		せん
百千	*große Anzahl, alle Arten*		ひゃくせん
千万円	*10 Millionen Yen (1000t万円)*		いっせん まんえん

Reihenfolge der Striche

Übung zum Schreiben

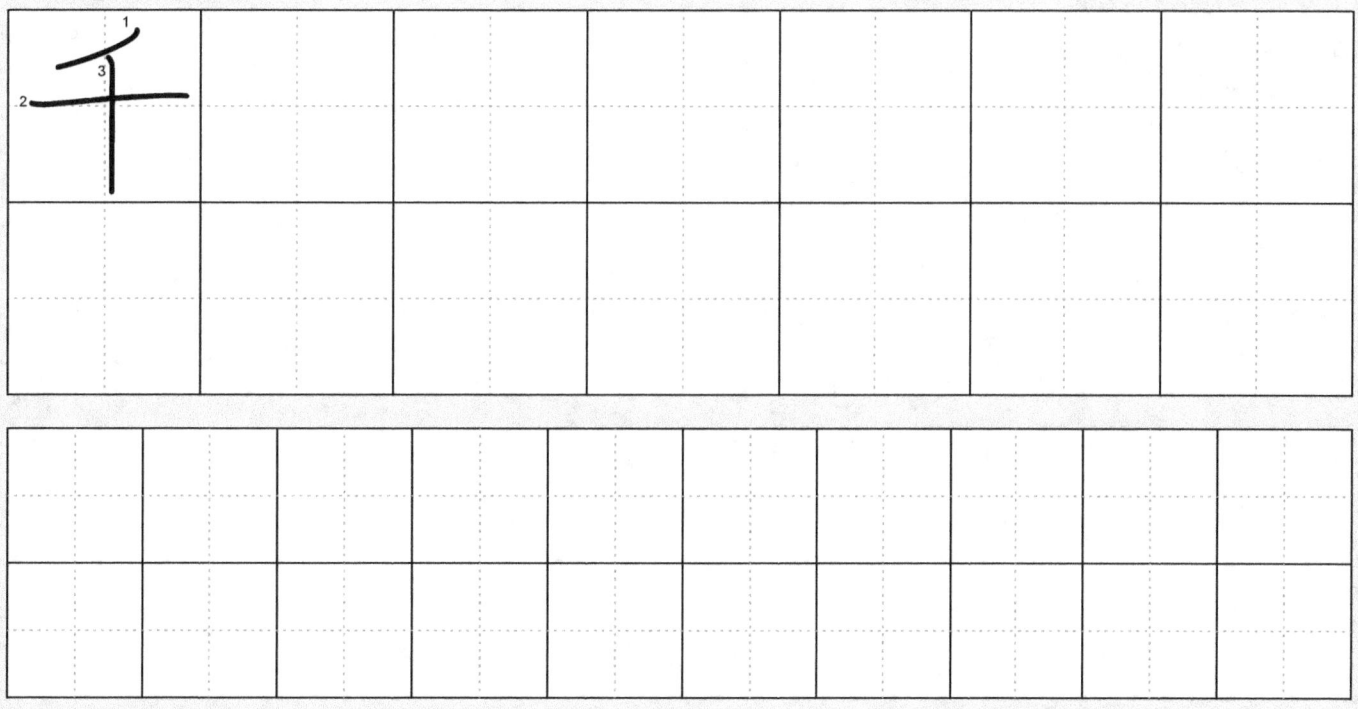

JLPT N5

Bedeutung	10.000, zehntausend	Bestandteile	一 丨 ノ
Radikal	一 (eine)	Kun'yomi	よろず
Striche	3	On'yomi	マン、バン

Vokabeln	Bedeutung	Aussprache
万	10.000, Myriade, alles, alle, verschiedene	マン
万	10.000, Myriade, alles, alle, verschiedene	いく
万能	allseitig, nützlich, universell	ばんのう
万年筆	Füllfederhalter	まんねんひつ

Reihenfolge der Striche

Übung zum Schreiben

Kanji für Zahlen

Bedeutung	Yen, Kreis, rund	Bestandteile	一 丨 亠 冂
Radikal	冂 (offen)	Kun'yomi	まる.い、まる、まど
Striche	4	On'yomi	エン

Vokabeln	Bedeutung	Aussprache
円い	rund, kreisförmig, kugelförmig	まるい
円	Yen (japanische Währungseinheit), Kreis	エン
円滑	glatt, ungestört, ununterbrochen	エンカツ
円か	rund, ruhig, zufrieden, entspannt	まどか

Reihenfolge der Striche

Übung zum Schreiben

JLPT N5

Mehr Zahlen

In der japanischen Sprache werden zwei Zahlensysteme verwendet - das erste ist das einheimische System, das hauptsächlich für kleine Zahlen und besondere Daten verwendet wird, und das zweite ist chinesischen Ursprungs. Chinesisch-japanische Zahlen werden für die meisten Dinge verwendet und oft mit Zählvokabeln oder 助数詞 (じょすうし / josūshi) kombiniert, um Objekte, Ereignisse oder Handlungen zu zählen.

#	Sino-Japanisch		Einheimische		#	Sino-Japanisch		Einheimische	
1	一	いち ichi	一つ	ひとつ hitotsu	6	六	ろく roku	一つ	むっつ muttsu
2	二	に ni	二つ	ふたつ futatsu	7	七	なな nana	二つ	ななつ nanatsu
3	三	さん san	三つ	みっつ mittsu	8	八	はち hachi	三つ	やっつ yattsu
4	四	よん yon	四つ	よっつ yottsu	9	九	きゅう kyuu	四つ	ここのつ kokonotsu
5	五	ご go	五つ	いつつ itsutsu	10	十	じゅう juu	五つ	とう tou

Die Zahlen 4 und 9 gelten in Japan als Unglückszahlen, weil ihre Aussprache einigen negativen Wörtern sehr ähnlich ist. Ausgesprochen als し/shi, klingt die Zahl 4 ähnlich wie das Kanji 死 (bedeutet Tod), und als く/ku, ist die Zahl 9 ähnlich wie 苦 (bedeutet Leiden). Sie werden gewöhnlich als よん/yon und きゅう/kyu ausgesprochen. Die Zahl 7 bringt Glück, wird aber oft als なな/nana ausgesprochen, weil die andere Lesart, しち/shi-chi, auch ein し (死 /Tod) enthält!

Auch wenn wir dazu neigen, die westlichen/Romaji-Zahlen anstelle der Kanji-Zeichen zu verwenden (z. B. 1, 2, 10, 100 usw.), verwenden wir dennoch die japanische Aussprache. Wenn Sie die Kanji-Zahlen in diesem Kapitel lernen, werden Sie in der Lage sein, praktisch alle Zahlen zu lesen und auszusprechen. Wie viele andere Teile der japanischen Sprache folgen auch die Zahlen bestimmten Mustern, die sich wiederholen, wodurch sie leichter zu erkennen, zu verstehen und zu verwenden sind.

Es gibt keine "–zehn"-Ausdrücke für Zahlen zwischen 12 und 20, also werden Zahlen gebildet, indem man die Zahl 10 und eine weitere Zahl direkt danach schreibt und ausspricht. Als Formel würde das etwa so aussehen: **(10) + n**

Die Zahlen nach 19 werden als Vielfache von zehn geschrieben und ausgesprochen, gefolgt von dem Wort für den "Rest". In einer Formel ausgedrückt, würde dies wie folgt aussehen: **(N x 10) + n**

Sie können dasselbe Muster auf alle Zahlen bis 99 anwenden, indem Sie Vielfache von 10 bilden und das Wort für eine Endziffer (1-9) hinzufügen, wenn es eine gibt:

11	十一 (10) + 1	じゅう いち jū i-chi
20	二十 (2 x 10)	に じゅう ni jū
22	二十二 (2 x 10) + 2	に じゅう に ni jū ni
30	三十 (3 x 10)	さん じゅう san jū
33	三十三 (3 x 10) + 3	さん じゅう さん san jū san

Das Muster ändert sich ein wenig, wenn wir die Zahl 100 erreichen, und abgesehen von gelegentlichen Änderungen in der Aussprache funktioniert es im Wesentlichen auf die gleiche Weise. Die Zahlen von 101 bis 110 ähneln denen im Bereich 11-19, und als Formel würde es so aussehen: **(100) + n**.

Nach der Zahl 111 beginnen wir mit Vielfachen von 100, gefolgt von Vielfachen von 10 und fügen schließlich das Wort für den Rest hinzu.

101	百一 (100) + 1	ひゃく hyaku		いち i-chi
110	百十 (100)+10	ひゃく hyaku		じゅう jū
120	百二十 (100)+(2x10)	ひゃく hyaku	に ni	じゅう jū
122	百二十二 (100)+(2x10)+2	ひゃく hyaku	に ni	じゅう jū	に ni

Zahlen jenseits von 9.999 werden in Einheiten von Zehntausend unterteilt, anstatt wie im Westen in Tausend. *Ein Beispiel: 100.000 (hunderttausend) wird als "zehn Zehntausend" geschrieben und ausgesprochen. In Kanji wäre dies* 10万, 十万 *oder* 十萬 *und wird ausgesprochen als* じゅうまん *(jū man)*

Bonus-Kanji

Dieses Zeichen ist normalerweise nicht in den JLPT N5-Listen enthalten, aber es kann nützlich sein, es zu kennen. Es sieht komplexer aus als die anderen in dieser Gruppe, also machen Sie sich keine Gedanken darüber, wie Sie es jetzt schreiben sollen. Nutzen Sie den zusätzlichen Platz im hinteren Teil des Buches, um später zu üben.

Bedeutung	Null, überlaufen	**Bestandteile**	一 个 卩 雨
Radikal	雨 (Regen)	**Kun'yomi**	ぜろ、こぼ.す、こぼ.れる
Striche	13	**On'yomi**	レイ

Vokabeln	Bedeutung	Aussprache
零	null, null	レイ
0	null, 0, null, null, nichts, zilch	ゼロ
零す	fallen lassen, (Tränen) vergießen, klagen	こぼす
零れる	verschütten, herausfallen, überlaufen	こぼれる

Reihenfolge der Striche

Revision: Zahlen

Du hast gerade deine ersten Kanji-Zeichen gelernt! Jetzt ist es an der Zeit, zu überprüfen, wie viel Sie sich gemerkt haben und wo Sie noch arbeiten müssen. Dieser erste Abschnitt mag einfach erscheinen, aber der Rest wird schwieriger, je mehr Kanji Sie lernen.

F.01 Welches dieser Kanji steht für die **Zahl 4**?

A. 五 B. 六 C. 四 D. 七 E. 万

F.02 Welches dieser Kanji steht für die **Zahl 8**?

A. 四 B. 八 C. 十 D. 九 E. 百

F.03 Welches dieser Kanji steht für die **Zahl 5**?

A. 百 B. 万 C. 円 D. 五 E. 千

F.04 Welches dieser Kanji steht für die **Zahl 6**?

A. 六 B. 十 C. 八 D. 千 E. 七

F.05 Welches dieser Kanji steht für die **Zahl 2**?

A. 八 B. 二 C. 千 D. 三 E. 万

F.06 *Welche Zahl fehlt* in der Reihenfolge: 一二三四五六七八十 ?

A. 5 B. 8 C. 7 D. 9 E. 4

F.07 Wie wird die **Zahl 1** richtig ausgesprochen?

A. san B. ni C. go D. ichi E. shi

F.08 Wie schreibt man **1.000** in japanischen Kanji?

A. 九 B. 百 C. 万 D. 円 E. 千

F.09 Welches dieser Kanji wird als は ち ausgesprochen?

- A. 六
- B. 七
- C. 八
- D. 九
- E. 十

F.10 Welches dieser Kanji wird als さ ん ausgesprochen?

- A. 一
- B. 二
- C. 三
- D. 四
- E. 五

F.11 Wie spricht man die Zahl **1000** auf Japanisch aus?

- A. sen
- B. shi
- C. san
- D. ni
- E. yon

F.12 Wie schreibt man die **Zahl 100** auf Japanisch?

- A. 万
- B. 百
- C. 円
- D. 九
- E. 十

F.13 Wie viele Striche sind nötig, um die **Zahl** 四 zu schreiben?

- A. 2
- B. 3
- C. 4
- D. 5
- E. 6

F.14 Welcher Monat des Jahres wird als 七月 geschrieben?

- A. März
- B. April
- C. Mai
- D. Juni
- E. Juli

F.15 Welches Kanji-Wort hat die Bedeutung von **"genug"** oder **"viel"**?

- A. 分十
- B. 九日
- C. 円か
- D. 十分
- E. 十回

F.16 Wie viele Striche braucht man, um die **Zahl** 百 zu schreiben?

- A. 7
- B. 6
- C. 8
- D. 5
- E. 4

F.17 Wie wird die **Zahl 6** richtig ausgesprochen?

- A. ku
- B. kyu
- C. roku
- D. go
- E. juu

F.18 Welches dieser Kanji steht für **die Währung Japans**?

- A. 九
- B. 百
- C. 万
- D. 円
- E. 千

Bedeutung	Tag, Sonne, Japan	Bestandteile	日
Radikal	日 (Tag, Sonne)	Kun'yomi	ひ、-び、-か
Striche	4	On'yomi	ニチ、ジツ

Vokabeln	Bedeutung	Aussprache
日	Tag/Tage, Sonne, (der) Tag, Tageszeit	ひ
日	Sonntag, Tag (des Monats), Tage zählen, Japan	いく
あくる日	nächster Tag, folgender Tag	あくるひ
明日	morgen, nahe Zukunft	あした

Reihenfolge der Striche

Übung zum Schreiben

Kanji für Zeit

Bedeutung	Woche	Bestandteile	冂込口土
Radikal	辶 (Spaziergang)	Kun'yomi	(keine)
Striche	11	On'yomi	シュウ

Vokabeln	Bedeutung	Aussprache
週	Woche	シュウ
前週	letzte Woche, die Woche davor	ゼンシュウ
毎週	jede Woche	マイシュウ
隔週	jede zweite Woche, alle zwei Wochen	カクシュウ

Reihenfolge der Striche

Übung zum Schreiben

JLPT N5

Bedeutung	Mond, Monat, Montag	Bestandteile	月
Radikal	月 (Mond)	Kun'yomi	つき
Striche	4	On'yomi	ゲツ、ガツ

Vokabeln	Bedeutung	Aussprache
月	Mond, Monat, Mondlicht	つき
月	Montag	ゲツ
月末	Ende des Monats	げつまつ
月曜日	Montag	げつようび

Reihenfolge der Striche

Übung zum Schreiben

Kanji für Zeit

Bedeutung	Jahr, Zähler für Jahre	Bestandteile	一ノ干乞
Radikal	干 (Stößel)	Kun'yomi	とし
Striche	6	On'yomi	ネン

Vokabeln	Bedeutung	Aussprache
年	Jahr, Alter, Jahre	とし
年	Zähler für Jahre	ネン
今年	dieses Jahr	ことし
去年	letztes Jahr	きょねん

Reihenfolge der Striche

Übung zum Schreiben

JLPT N5

Bedeutung	Zeit, Stunde	Bestandteile	土寸日
Radikal	日 (Sonne, Tag)	Kun'yomi	とき、-どき
Striche	10	On'yomi	ジ

Vokabeln	Bedeutung		Aussprache
時	Zeit, Stunde, Moment, Gelegenheit		とき
時	Stunde, Uhr, (bestimmte) Zeit, wenn...		ジ
時計	Uhr, Uhr, Zeitmesser		とけい
時刻表	Fahrplan, Fahrplan (öffentlicher Verkehr)		じこくひょう

Reihenfolge der Striche

Übung zum Schreiben

Kanji für Zeit

Bedeutung	Intervall, Raum	Bestandteile	日 門
Radikal	門 (Tor)	Kun'yomi	あいだ、ま、あい
Striche	12	On'yomi	カン、ケン

Vokabeln	Bedeutung		Aussprache
間	Raum (zwischen), Lücke, Abstand		あいだ
間	Intervall, Zeitspanne, unter, zwischen		カン
時間	Zeit, Stunde		じかん
間違い	Fehler, Irrtum, Unfall, Missgeschick		まちがい

Reihenfolge der Striche

Übung zum Schreiben

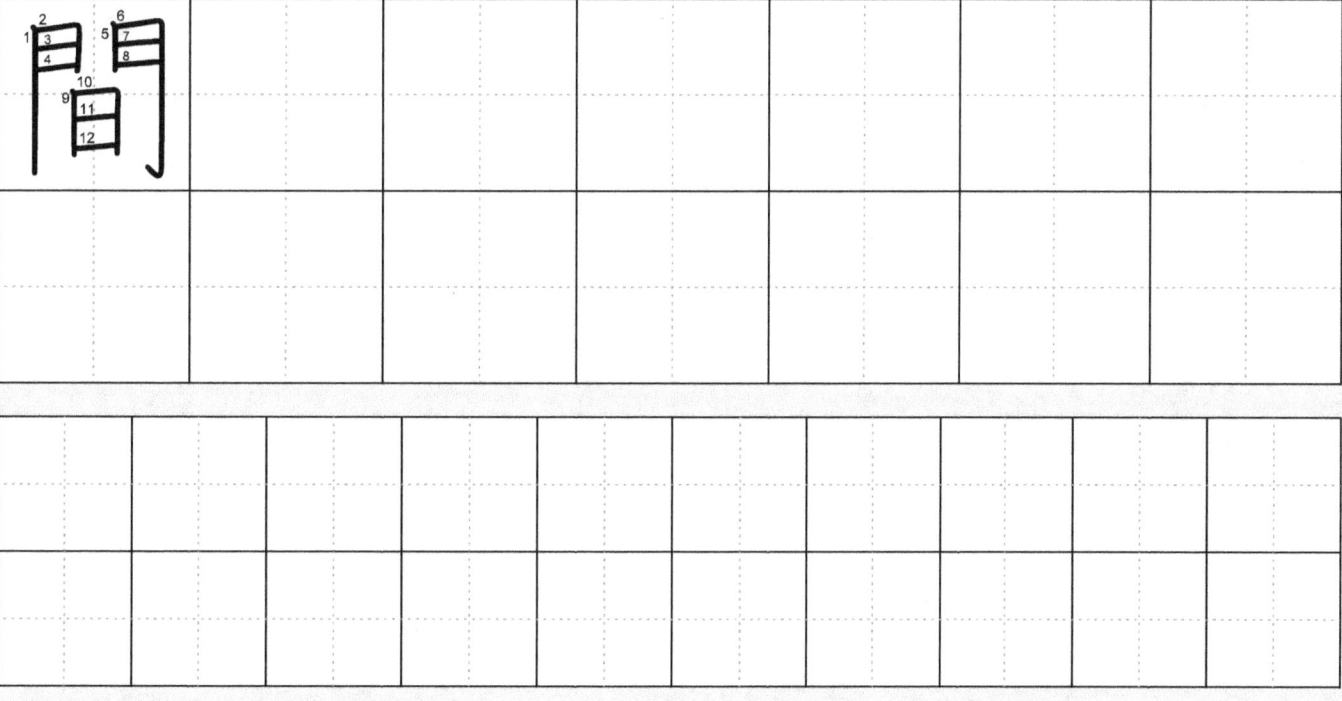

JLPT N5

Bedeutung	Teil, Minute, Pflicht	**Bestandteile**	ハ 刀
Radikal	刀 (Schwert, Messer)	**Kun'yomi**	わ.ける、わ.け
Striche	4	**On'yomi**	ブン、フン、ブ

Vokabeln	Bedeutung		Aussprache
分	Teil, Portion, Anteil, genug für...		ブン
分ける	teilen (in), spalten (in), trennen		わける
分別	Diskretion, Besonnenheit, Vernunft		フンベツ
三十分	30 Minuten (30分)		さんじゅっぷん

Reihenfolge der Striche

Übung zum Schreiben

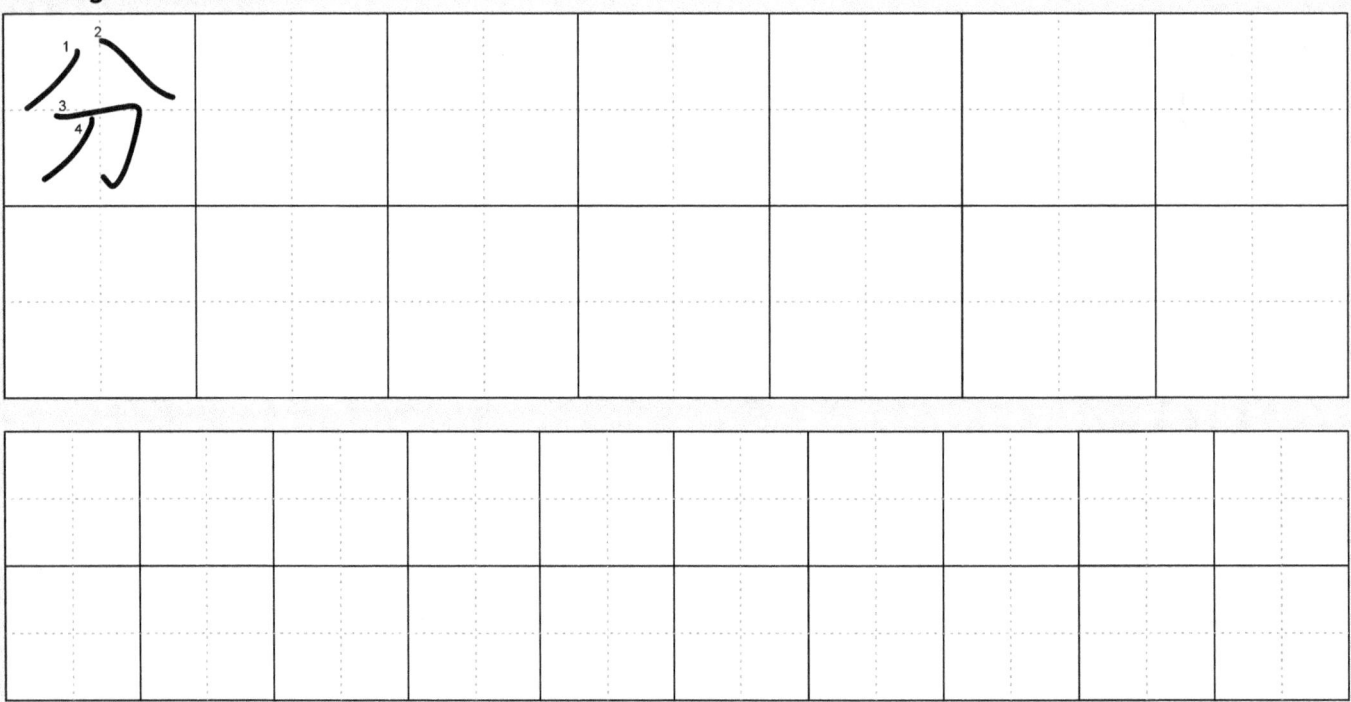

Kanji für Zeit

Bedeutung	Mittag	**Bestandteile**	ノ十干乞
Radikal	十 (zehn)	**Kun'yomi**	うま
Striche	4	**On'yomi**	ゴ

Vokabeln	Bedeutung		Aussprache
午後	Nachmittag, PM		ゴゴ
午前	Vormittag, AM		ゴゼン
亭午	Mittag		テイゴ
午	Zeichen des Pferdes, fünfter Kalendermonat		うま

Reihenfolge der Striche

Übung zum Schreiben

JLPT N5

Bedeutung	vor, vor	Bestandteile	一 并 刈 月
Radikal	刀 (Schwert, Messer)	Kun'yomi	まえ、-まえ
Striche	9	On'yomi	ゼン

Vokabeln	Bedeutung	Aussprache
前	vor (vor), vor, früher, vor	まえ
名前	Name, Vorname, Vornamen	なまえ
前	letzter..., früher, ex-, früher, vor	ゼン
前売り	Vorverkauf, Buchung	まえうり

Reihenfolge der Striche

Übung zum Schreiben

Kanji für Zeit

Bedeutung	hinter, zurück, später	Bestandteile	夂 幺 彳
Radikal	彳 (Schritt)	Kun'yomi	のち、うし.ろ、うしろ
Striche	9	On'yomi	ゴ、コウ

Vokabeln	Bedeutung	Aussprache
後	später, danach, zukünftig, Nachkomme	のち
後後 (後々)	Zukunft, ferne Zukunft	のちのち
午後	nachmittags, nachmittags	ごご
後日	in der Zukunft, an einem anderen Tag, später	ゴジツ

Reihenfolge der Striche

Übung zum Schreiben

JLPT N5

Bedeutung	jetzt, dies	Bestandteile	一 个
Radikal	人 (イ) (Mann, Mensch)	Kun'yomi	いま
Striche	4	On'yomi	コン、キン

Vokabeln	Bedeutung		Aussprache
今	der aktuelle ..., dieser, der heutige ...		コン
今	jetzt, zur Zeit, bald, sofort		いま
今晩	heute, heute Abend		こんばん
今朝	heute Morgen		こんちょう

Reihenfolge der Striche

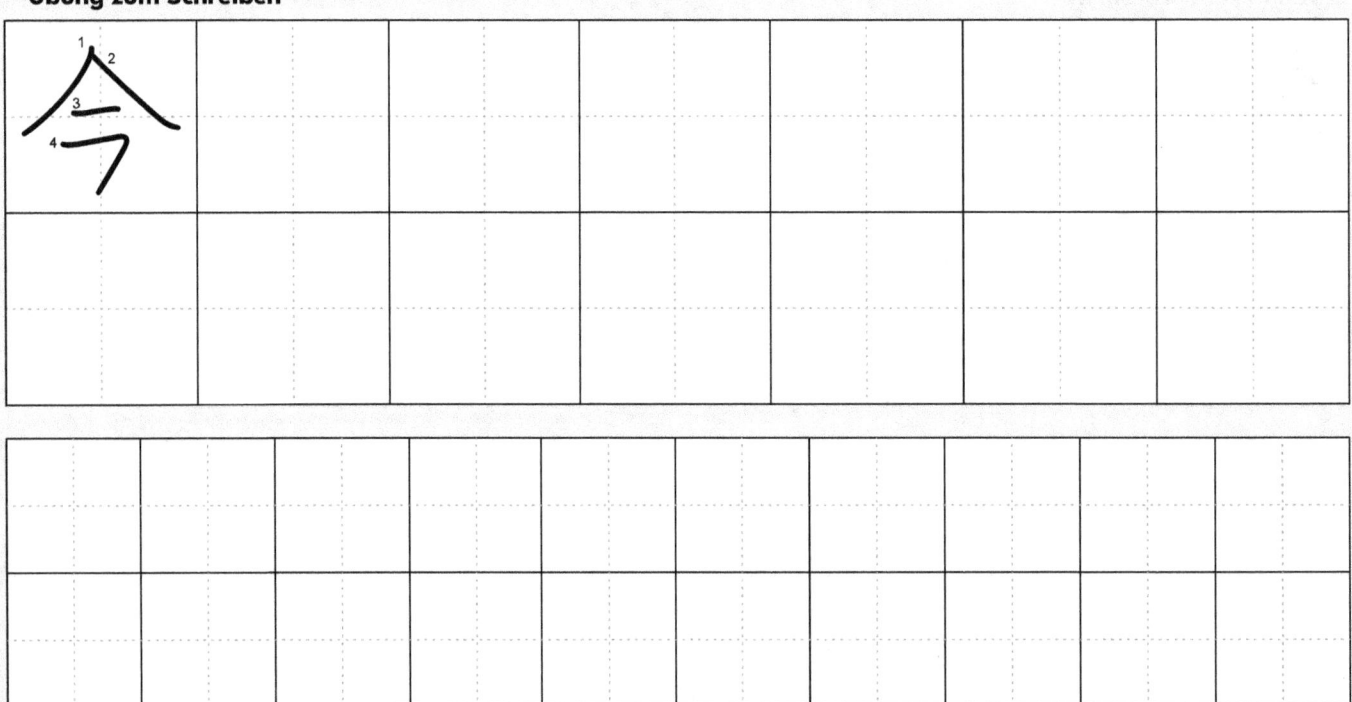

Übung zum Schreiben

Kanji für Zeit

Bedeutung	vor, früher, zukünftig	**Bestandteile**	ノ儿土
Radikal	儿 (Beine)	**Kun'yomi**	さき、ま.ず
Striche	6	**On'yomi**	セン

Vokabeln	Bedeutung		Aussprache
先	*früher, vorher, alt*		セン
先	*Punkt, Spitze, Ende, Front, erste, vor*		さき
先週	*letzte Woche, die Woche davor*		せんしゅう
先生	*Lehrer, Ausbilder, Meister*		せんせい

Reihenfolge der Striche

Übung zum Schreiben

JLPT N5

Bedeutung	come, due, next, cause	Bestandteile	丨 二 十 木 米
Radikal	木 (Baum)	Kun'yomi	く.る、きた.る
Striche	7	On'yomi	ライ、タイ

Vokabeln	Bedeutung		Aussprache
来	nächstes (Jahr, Frühling), kommend, seit		ライ
来月	nächsten Monat		らいげつ
来る	kommen (Ort, Zeit), sich nähern, ankommen		くる
出来る	tun können, bereit sein, gemacht werden		できる

Reihenfolge der Striche

Übung zum Schreiben

Kanji für Zeit

Bedeutung	halb, mittel	**Bestandteile**	丨二丷十
Radikal	十 (zehn)	**Kun'yomi**	なか.ば
Striche	5	**On'yomi**	ハン

Vokabeln	Bedeutung	Aussprache
半	halb, halb, halb-past, ungerade Zahl	ハン
半分	halb	はんぶん
半ば	Mitte, halbwegs, halb (von), eine Hälfte	なかば
大半	Mehrheit, mehr als die Hälfte, die meisten (von)	たいはん

Reihenfolge der Striche

Übung zum Schreiben

JLPT N5

Bedeutung	jede	Bestandteile	毋 母 乞
Radikal	毋 (母, 母) (Mutter)	Kun'yomi	ごと、-ごと.に
Striche	6	On'yomi	マイ

Vokabeln	Bedeutung		Aussprache
毎	jedes, jedes		ごと
毎毎	jedes (Ereignisse, z.B. Wochenende), jedes		マイ
毎日	jeden Tag		まいにち
毎朝	jeden Morgen		マイアサ

Reihenfolge der Striche

Übung zum Schreiben

Kanji für Zeit

Bedeutung	was, welche, wie viele	Bestandteile	一 亅 化 口
Radikal	人 (亻) (Mann, Mensch)	Kun'yomi	なに、なん、なに-
Striche	7	On'yomi	カ

Vokabeln	Bedeutung		Aussprache
何	was, du weißt schon, das Ding		なに
何	was, wie viele, viele, eine Menge von		なん
何か	etwas, etwas, irgendetwas, irgendwie		なにか
何曜日	Welcher Tag? Welcher Wochentag?		なんようび

Reihenfolge der Striche

Übung zum Schreiben

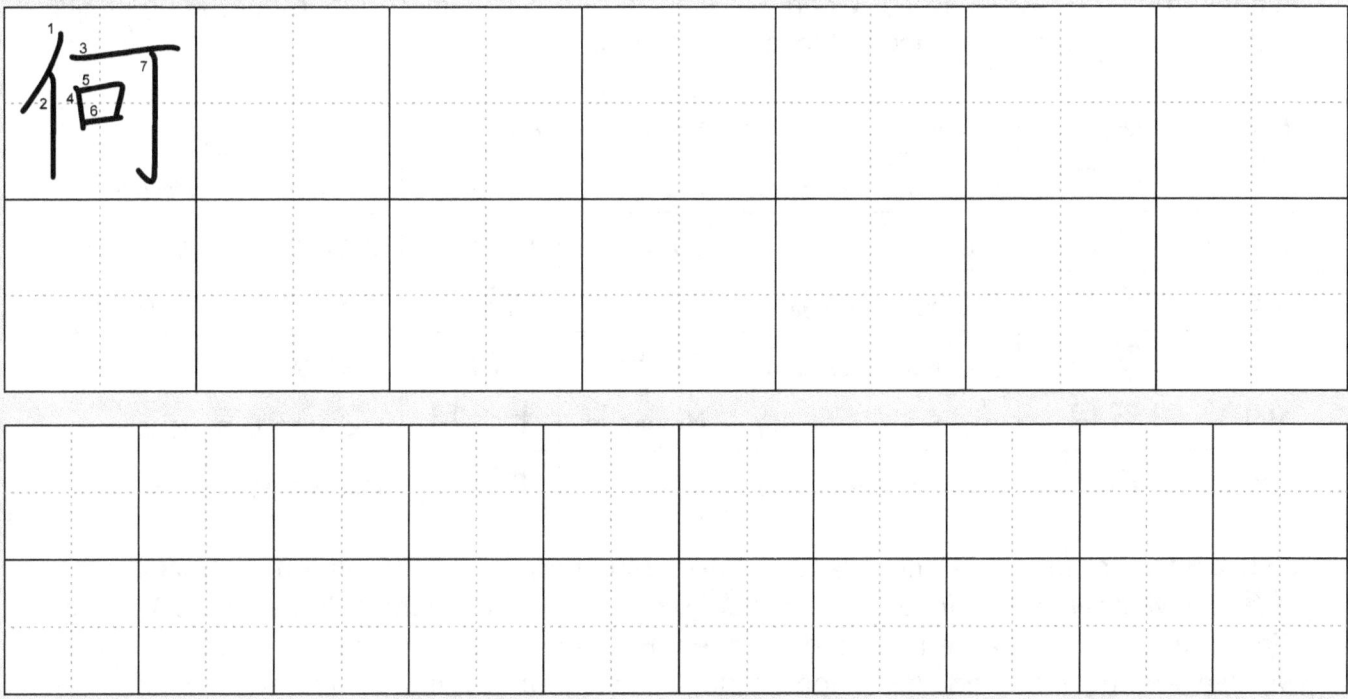

JLPT N5

Datum und Zeit

Viele gebräuchliche Wörter und Ausdrücke, die für Zeiten und Daten verwendet werden, folgen einfachen Mustern. Die Vokabelabschnitte für Kanji dieser zweiten Gruppe enthalten gelegentlich Namen für Wochentage und Monate des Jahres - die Muster sind leichter zu verstehen und zu merken, wenn man sie an einem Ort sehen kann - sehen wir uns das unten an:

Die Wochentage sind nach Himmelskörpern benannt, darunter die Sonne, der Mond und die fünf *sichtbaren* Planeten. Zu dieser Zeit waren Merkur, Venus, Mars, Jupiter und Saturn die einzigen bekannten Planeten.

Tage	Kanji Name	Aussprache	Kanji-Bedeutung	Planet/Herkunft
Montag	月曜日	げつようび *getsuyōbi*	月 Mond	der Mond (tsuki 月)
Dienstag	火曜日	かようび *kayōbi*	火 Feuer	Mars (kasei 火星)
Mittwoch	水曜日	すいようび *suiyōbi*	水 Wasser	Merkur (suisei 水星)
Donnerstag	木曜日	もくようび *mokuyōbi*	木 Holz/Baum	Jupiter (mokusei 木星)
Freitag	金曜日	きんようび *kin'yōbi*	金 Metall/Gold	Venus (kinsei 金星)
Samstag	土曜日	どようび *doyōbi*	土 Erde/Erde	Saturn (dosei 土星)
Sonntag	日曜日	にちようび *nichiyōbi*	日 Sonne	die Sonne (hi 日, taiyō 太陽)

Jeder Monat des Jahres hat einen Namen, der einem numerischen System folgt: Beginnend mit Januar werden ihnen die Zahlen 1-12 zugeordnet, gefolgt von dem Kanji 月 (Monat), ausgesprochen げつ ("gatsu"). Wenn Sie sich die Kanji-Nummern einprägen, kennen Sie automatisch die Namen für jeden Monat des Jahres:

Monat	Kanji	Aussprache	Monat	Kanji	Aussprache
Januar	一月	いちがつ *ichigatsu*	**Juli**	七月	しちがつ *shichigatsu*
Februar	二月	にがつ *nigatsu*	**August**	八月	はちがつ *hachigatsu*
März	三月	さんがつ *sangatsu*	**September**	九月	くがつ *kugatsu*
April	四月	よんがつ *shigatsu*	**Oktober**	十月	じゅうがつ *jūgatsu*
Mai	五月	ごがつ *gogatsu*	**November**	十一月	じゅういちがつ *jūichigatsu*
Juni	六月	ろくがつ *rokugatsu*	**Dezember**	十二月	じゅうにがつ *jūnigatsu*

Hinweis: In Japan gibt es noch andere Monatsnamen mit jahreszeitlichem Bezug, z. B. 霜月 *(November, der "Monat des Frostes")*, aber sie sind nicht gebräuchlich. Vor der Einführung des modernen gregorianischen Kalenders in den späten 1800er Jahren wurden Anfang und Ende der Monate durch den Mondzyklus bestimmt, und ein Jahr hatte nur 354 Tage!

Wenn Sie die Kenntnis der Kanji-Zahlen mit den Zeichen dieser zweiten Gruppe kombinieren, können Sie auch anfangen, die Uhrzeit auf Japanisch zu lesen, zu schreiben und zu sagen.

Sie können das Kanji 時 einfach an eine Zahl anhängen, um jemandem die Uhrzeit mitzuteilen:

Wir sprechen 時 mit der On-Lesart (ジ oder "ji") aus, so dass "2 Uhr" 二時 oder 2時 wäre und als にじ (ni ji) ausgesprochen wird. Ähnlich ist "12 Uhr" einfach 十二時 oder 12時 und wird じゅうにじ (juu ni ji) ausgesprochen.

Zeit	Kanji	Aussprache
1 Uhr	一時	いちじ *ichi ji*
2 Uhr	二時	にじ *ni ji*
3 Uhr	三時	さんじ *san ji*
5 Uhr	五時	ごじ *go ji*
10 Uhr	十時	じゅうじ *juu ji*

Verwenden Sie das Kanji 分 in ähnlicher Weise, um Minuten für genauere Zeiten zu quantifizieren. Die On-Lesung ist フン (ふん) und wird entweder als "fun" oder "pun" ausgesprochen.

Um "40 Minuten" zu sagen, heißt es 四十分 oder 40分 und wird wie よんじゅっぷん (yon juppun) ausgesprochen.

Zeit	Kanji	Aussprache
2 Minuten	二分	にふん
5 Minuten	五分	ごふん
10 Minuten	十分	じゅっぷん
30 Minuten	五十分	さんじゅっぷん

Auf die Frage 今何時ですか (oder いま なんじ - *ima nan-ji desu ka*), die "Wie spät ist es jetzt?" bedeutet, könnten Sie die beiden vorherigen Beispiele kombinieren und 二時四十分 oder 2時40分 sagen. Setzen Sie die beiden Sätze einfach zusammen und sagen Sie: にじ よんじゅっぷん (*ni-ji yon-juppun*).

Im Gegensatz zu anderen Sprachen gibt es im Japanischen nicht viele zusätzliche Ausdrücke für bestimmte Zeiten. Das Äquivalent zu "es ist halb drei" (2.30 PM) verwendet das Kanji 半 (はん / *han*) am Ende des Satzes "**Zahl** + 時", z. B. 2時半 oder にじ はん (*ni-ji han*), was "dreißig Minuten nach 2 Uhr" bedeutet.

Einige der Kanji in diesem Abschnitt sind Teil anderer zeitbezogener Terminologie, die in der täglichen Konversation nützlich sein kann:

Kanji	Bedeutung	Aussprache	Kanji	Bedeutung	Aussprache
午前	Vormittag, a.m.	ごぜん *gozen*	夜	Abend, Nacht	よる *yoru*
午后	Nachmittag, p.m.	ごご *gogo*	日の出	Sonnenaufgang	ひので *hinode*
朝	Morgen, Frühstück	あさ *asa*	夕方	Abend, Abenddämmerung	ゆうがた *yū gata*
早朝	früher Morgen	そうちょう *sō chō*			
日中	Tagsüber	にっちゅう *nitchyuu*	深夜	Mitternacht	しんや *shin'ya*

Revision: Zeit

Es ist wieder so weit! Versuchen Sie, diese Fragen zu beantworten, ohne auf die vorherigen Seiten zurückzublicken. Die Fragen werden dir zeigen, welche Kanji mehr Aufmerksamkeit und Übung brauchen - vielleicht findest du auch einige der Zahlen-Kanji aus der vorherigen Gruppe wieder.

F.19 Welches dieser Kanji bedeutet **"Tag"**?

A. 何　B. 月　C. 週　D. 時　E. 日

F.20 Welches dieser Kanji bedeutet **"Woche"**?

A. 毎　B. 週　C. 時　D. 月　E. 日

F.21 Welches dieser Kanji bedeutet **"Monat"**?

A. 午　B. 日　C. 年　D. 月　E. 何

F.22 Welches dieser Kanji bedeutet **"Jahr"**?

A. 月　B. 間　C. 年　D. 午　E. 今

F.23 Wie schreibt man **"die Hälfte"** oder **"die Mitte"** auf Japanisch?

A. 半　B. 来　C. 今　D. 毎　E. 年

F.24 Welches dieser Kanji bedeutet **"Minute"**?

A. 九　B. 分　C. 先　D. 円　E. 千

F.25 Welches dieser Kanji bedeutet **"Stunde"** oder **"Zeit"**?

A. 時　B. 前　C. 後　D. 間　E. 何

F.26 Welcher *Monat* wird mit 十一月 geschrieben?

A. Dezember　B. Oktober　C. November　D. September　E. August

F.27 Wie würden Sie das Kanji 時 aussprechen, *wenn Sie die Uhrzeit nennen*?

- A. go
- B. gi
- C. ju
- D. ji
- E. gu

F.28 Welches dieser Kanji bedeutet **"jedes"** oder **"jeder"**?

- A. 百
- B. 何
- C. 毎
- D. 五
- E. 円

F.29 Wie würden Sie 3 Uhr auf Japanisch aussprechen?

- A. いちじ
- B. にじ
- C. さんじ
- D. ごじ
- E. じゅうじ

F.30 Welcher Tag der Woche ist 金曜日?

- A. Montag
- B. Freitag
- C. Sonntag
- D. Dienstag
- E. Donnerstag

F.31 Wie viele Minuten entspricht 三十分?

- A. 10
- B. 13
- C. 20
- D. 23
- E. 30

F.32 Welcher Tag der Woche ist 木曜日?

- A. Sonntag
- B. Dienstag
- C. Freitag
- D. Donnerstag
- E. Montag

F.33 Welches dieser Kanji-Wörter bedeutet **"letztes Jahr"** oder **"voriges Jahr"**?

- A. 前年
- B. 前午
- C. 午前
- D. 年前
- E. 前前

F.34 Welches Kanji wird verwendet, um **"was"**, **"welche"** oder **"wie viele"** zu fragen?

- A. 何
- B. 間
- C. 先
- D. 円
- E. 来

F.35 週 Wie viele *Striche* sind nötig, um dieses Zeichen zu schreiben?

- A. 10
- B. 11
- C. 12
- D. 13

Bedeutung	Person	Bestandteile	人
Radikal	人（亻）(Mann, Mensch)	Kun'yomi	ひと、-り、-と
Striche	2	On'yomi	ジン、ニン

Vokabeln	Bedeutung	Aussprache
人	Menschen	ひと
人	-ian, -ite, -er (z. B. Italiener, Schauspieler)	ジン
人人（人々）	Menschen, Männer und Frauen	ひとびと
人	Zähler für Menschen	ニン

Reihenfolge der Striche

Übung zum Schreiben

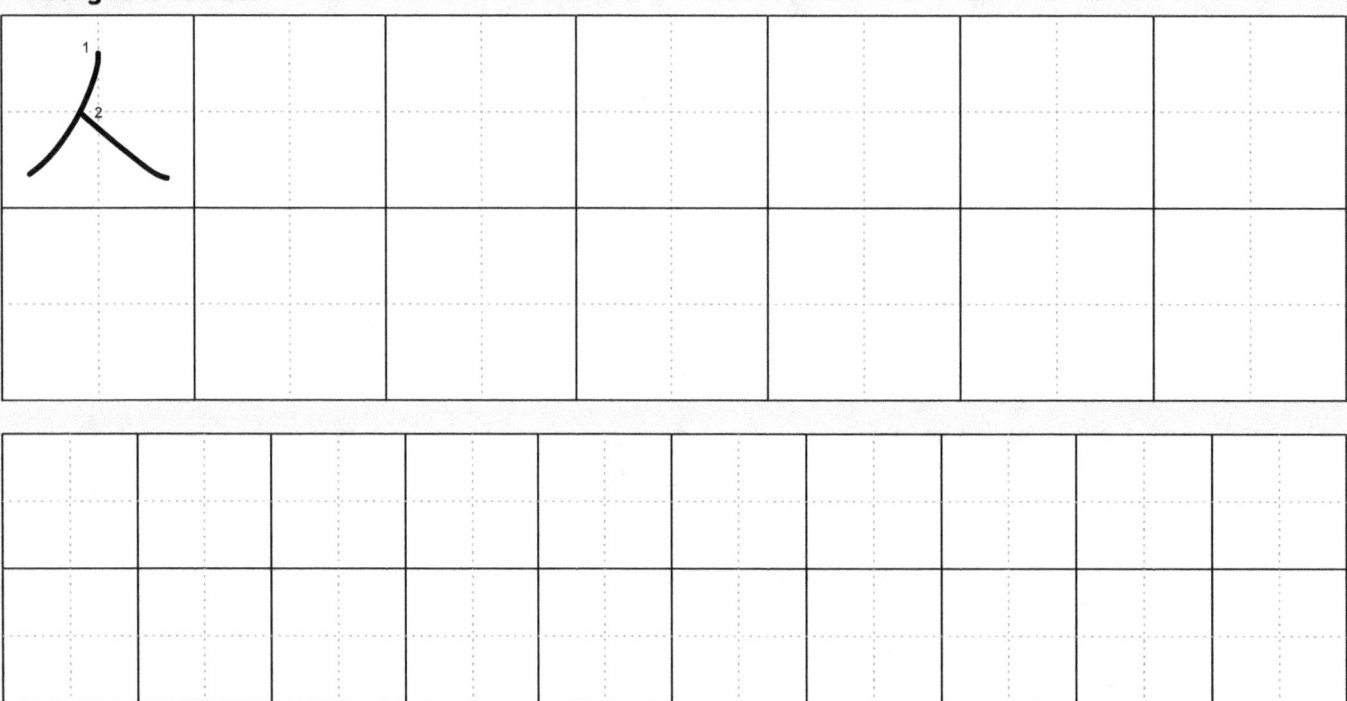

Kanji für Menschen und Dinge

Bedeutung	männlich	Bestandteile	力田
Radikal	田 (Feld)	Kun'yomi	おとこ、お
Striche	7	On'yomi	ダン、ナン

Vokabeln	Bedeutung		Aussprache
男	Mann, männlich, Kerl, Kerl, Freund		おとこ
男女	Mann (Männer) und Frau (Frauen)		ダンジョ
美男	gutaussehender Mann		びなん
男の子	Junge, Sohn, kleiner Junge, junger Mann		おとこのこ

Reihenfolge der Striche

Übung zum Schreiben

JLPT N5

Bedeutung	Frau, weiblich	Bestandteile	女
Radikal	女 (Frau)	Kun'yomi	おんな、め
Striche	3	On'yomi	ジョ、ニョ、ニョウ

Vokabeln	Bedeutung	Aussprache
女	weiblich, Frau, weibliches Geschlecht, Freundin	おんな
女王	Königin, weiblicher Champion	ジョオウ
女神	Göttin, weibliche Gottheit	めがみ
女の子	Mädchen, Tochter, kleines Mädchen	おんなのこ

Reihenfolge der Striche

Übung zum Schreiben

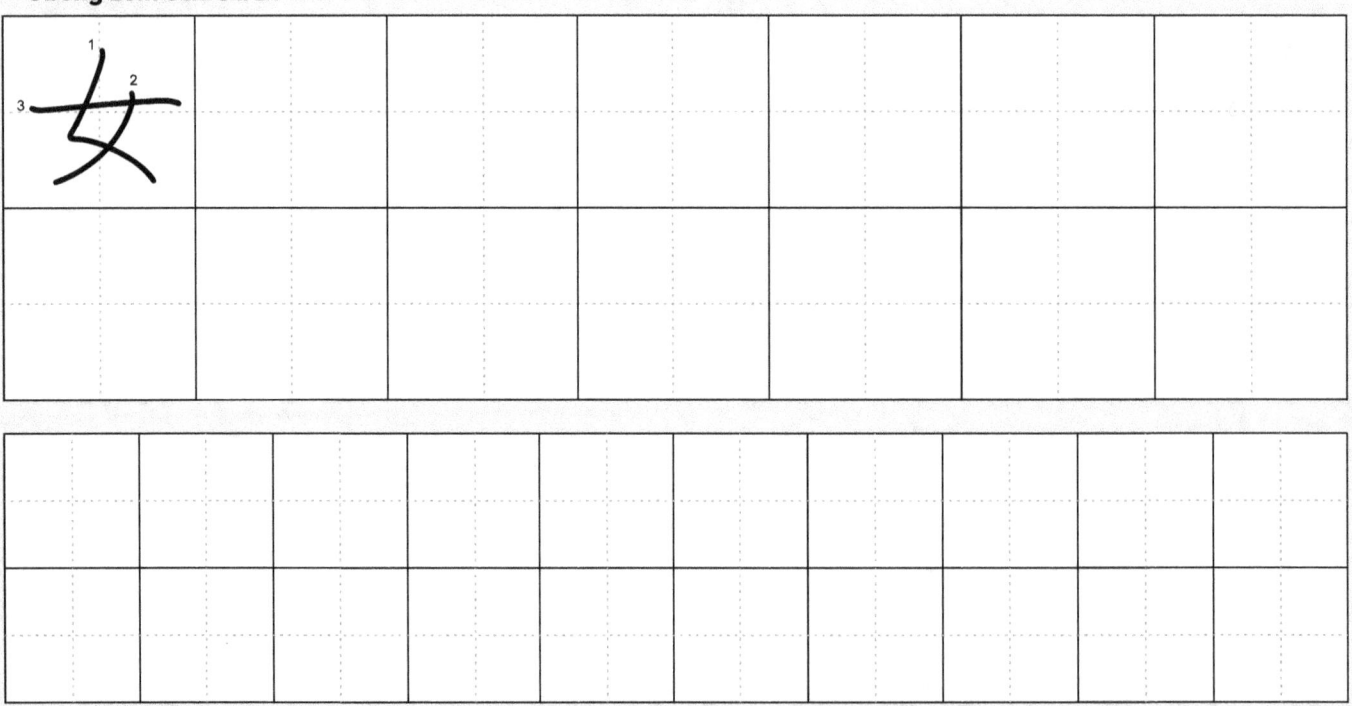

Kanji für Menschen und Dinge

Bedeutung	Kind, Zeichen der Ratte	Bestandteile	子
Radikal	子 (Kind, Samen)	Kun'yomi	こ、-こ、ね
Striche	3	On'yomi	シ、ス、ツ

Vokabeln	Bedeutung		Aussprache
子	Kind, Kind, Teenager, Jugendlicher		こ
息子	Sohn		むすこ
子供	Kind		こども
帽子	Hut, Mütze		ぼうし

Reihenfolge der Striche

Übung zum Schreiben

JLPT N5

Bedeutung	Mutter	Bestandteile	母 母
Radikal	毋 (母) (Mutter)	Kun'yomi	はは、も
Striche	5	On'yomi	ボ

Vokabeln	Bedeutung	Aussprache
母	Mutter	はは
父母	Eltern, Vater und Mutter	フボ
伯母さん	Tante	おばさん
お祖母さん	Großmutter	おばあさん

Reihenfolge der Striche

Übung zum Schreiben

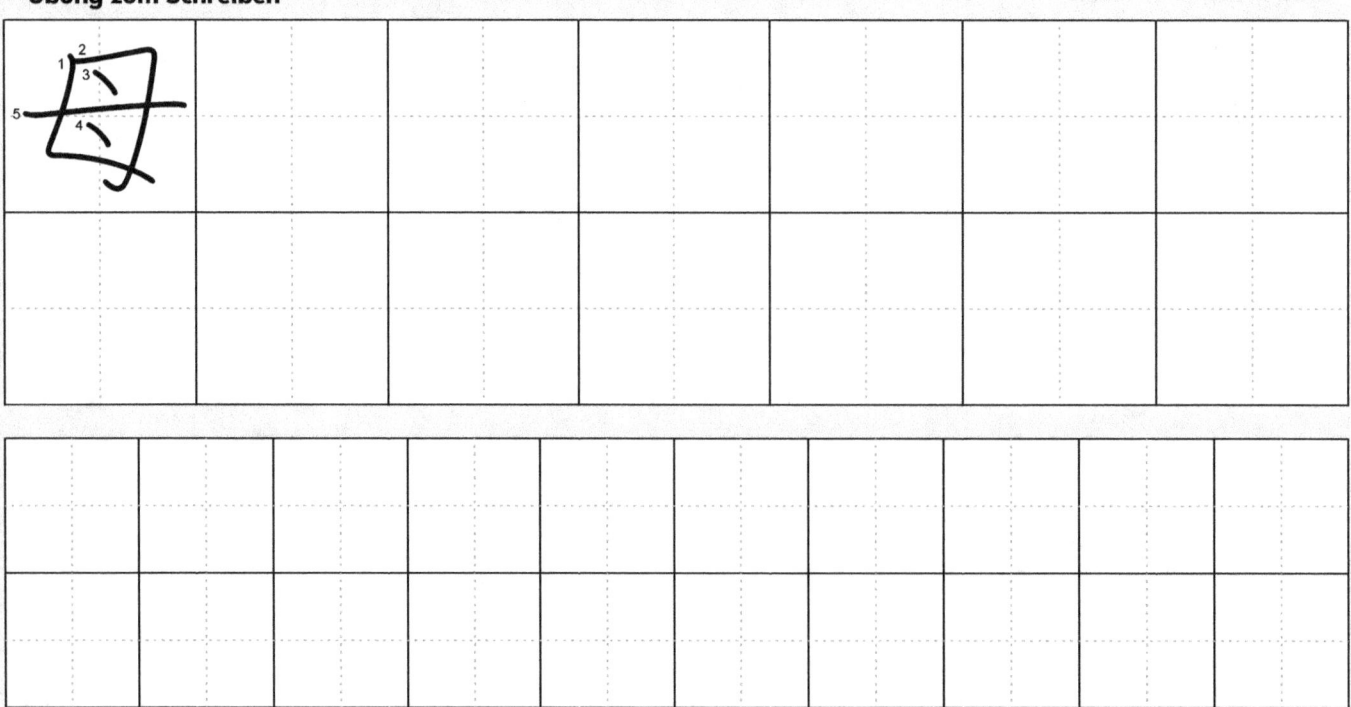

Kanji für Menschen und Dinge

Bedeutung	Vater	Bestandteile	父
Radikal	父 (Vater)	Kun'yomi	ちち
Striche	4	On'yomi	フ

Vokabeln	Bedeutung	Aussprache
父	Vater	ちち
父母	Eltern, Vater und Mutter	フボ
祖父	Großvater, alter Mann	そふ
祖父母	Großeltern	そふぼ

Reihenfolge der Striche

Übung zum Schreiben

JLPT N5

Bedeutung	Freund	Bestandteile	一ノ又
Radikal	又 (rechte Hand)	Kun'yomi	とも
Striche	4	On'yomi	ユウ

Vokabeln	Bedeutung		Aussprache
友	Freund		とも
友達	Freund, Kamerad, Genosse, Kumpel		ともだち
友情	Freundschaft, Kameradschaft		ゆうじょう
友好的	freundlich, freundschaftlich		ゆうこうてき

Reihenfolge der Striche

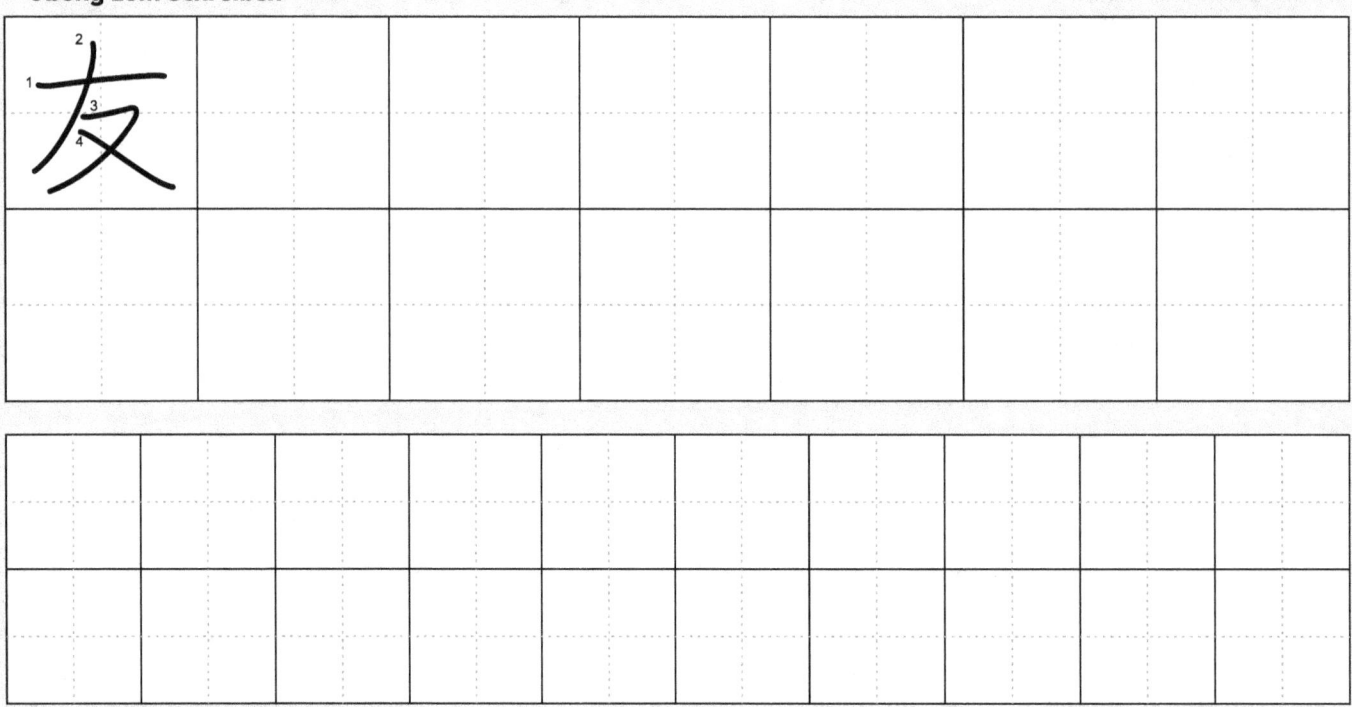

Übung zum Schreiben

Kanji für Menschen und Dinge

Bedeutung	Feuer	Bestandteile	火
Radikal	火 (灬) (Feuer)	Kun'yomi	ひ、-び、ほ-
Striche	4	On'yomi	カ

Vokabeln	Bedeutung	Aussprache
火	Feuer, Flamme, Lohe	ひ
小火	kleines Feuer	ボヤ
花火	Feuerwerk	はなび
火曜日	Dienstag	かようび

Reihenfolge der Striche

Übung zum Schreiben

JLPT N5

Bedeutung	Wasser	Bestandteile	水
Radikal	水 (氵, 氺) (Wasser)	Kun'yomi	みず、みず-
Striche	4	On'yomi	スイ

Vokabeln	Bedeutung		Aussprache
水	Wasser (Trinkwasser), Flüssigkeit, Hochwasser		みず
浄水	sauberes Wasser, gereinigtes Wasser		ジョウスイ
水泳	Schwimmen		すいえい
水曜日	Mittwoch		すいようび

Reihenfolge der Striche

Übung zum Schreiben

Kanji für Menschen und Dinge

Bedeutung	tree, wood	Bestandteile	木
Radikal	木 (tree)	Kun'yomi	き、こ-
Striche	4	On'yomi	ボク、モク

Vokabeln	Bedeutung		Aussprache
木	*Baum, Strauch, Busch, Wald, Holz*		き
木木(木々)	*fähig sein zu*		きぎ
木材	*Schnittholz, Bauholz, Holz*		モクザイ
木曜日	*Donnerstag*		もくようび

Reihenfolge der Striche

Übung zum Schreiben

JLPT N5

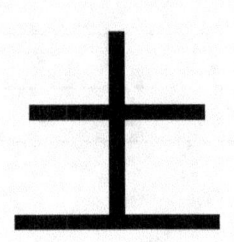

Bedeutung	Boden, Erde	Bestandteile	土
Radikal	土 (Erde)	Kun'yomi	つち
Striche	3	On'yomi	ド、ト

Vokabeln	Bedeutung		Aussprache
土	Erde, Boden, Schmutz, Lehm, Schlamm		つち
土	Samstag, Schmutz, Erde, Land, Boden		ド
土地	Grundstück, Partie, Ortschaft, Region		トチ
土曜日	Samstag		どようび

Reihenfolge der Striche

Übung zum Schreiben

Kanji für Menschen und Dinge

Bedeutung	Gold, Geld, Metall	Bestandteile	亼 ハ 丼 王 金
Radikal	金 (金) (Gold, Metall)	Kun'yomi	かね、かな-、-がね
Striche	8	On'yomi	キン、コン、ゴン

Vokabeln	Bedeutung	Aussprache
金	Geld, Metall	かね
金	Gold (Metall, Farbe, Medaille), Geld	キン
納金	Bezahlung	ノウキン
金曜日	Freitag	きんようび

Reihenfolge der Striche

Übung zum Schreiben

JLPT N5

Bedeutung	Buch, wahr, Haupt	Bestandteile	一 木
Radikal	木 (Baum)	Kun'yomi	もと
Striche	5	On'yomi	ホン

Vokabeln	Bedeutung	Aussprache
本	Buch, Band, Skript, dies, Geschenk	ホン
本棚	Bücherregal, Bücherschrank, Bücherregale	ほんだな
大本 (元)	Wurzel, Ursprung, Quelle, Ursache	おおもと
日本語	Japanisch (Sprache)	にほんご

Reihenfolge der Striche

Übung zum Schreiben

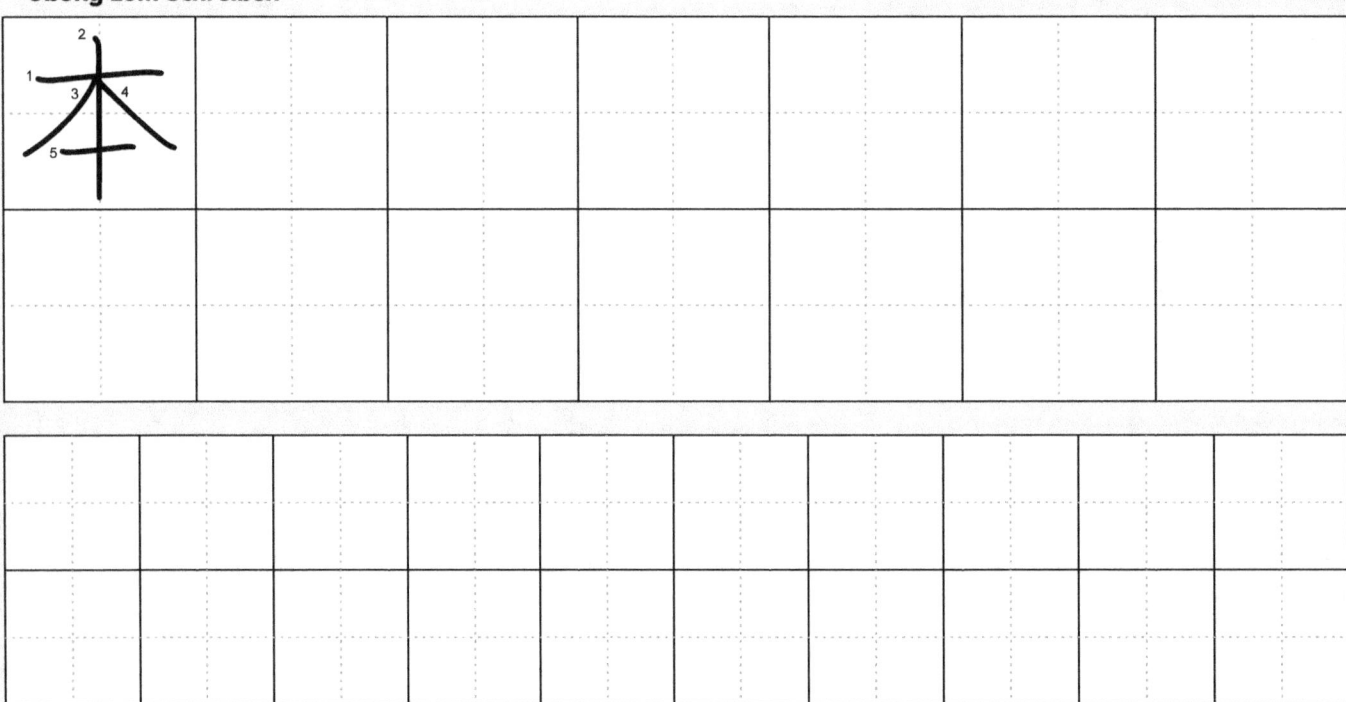

Kanji für Menschen und Dinge

Bedeutung	Strom, Fluss	**Bestandteile**	川
Radikal	巛 (川、巜) (Fluss)	**Kun'yomi**	かわ
Striche	3	**On'yomi**	セン

Vokabeln	Bedeutung	Aussprache
川	Fluss, Bach	かわ
山川	Berge und Flüsse	サンセン / さんせん
川岸	Flussufer, Flussufer	かわぎし
堀川	Kanal	ほりかわ

Reihenfolge der Striche

Übung zum Schreiben

JLPT N5

Bedeutung	Blume, Blüte	Bestandteile	化 ヒ 艾
Radikal	艸 (⺾) (Gras)	Kun'yomi	はな
Striche	7	On'yomi	カ、ケ

Vokabeln	Bedeutung	Aussprache
花	Blume, Blüte, Blüte, Blütenblatt	はな
花見	Blume/Kirschblüte betrachten	はなみ
花形	Blumenmuster, Blüte, Ornament	ハナガタ / はながた
花火	Feuerwerk	はなび

Reihenfolge der Striche

Übung zum Schreiben

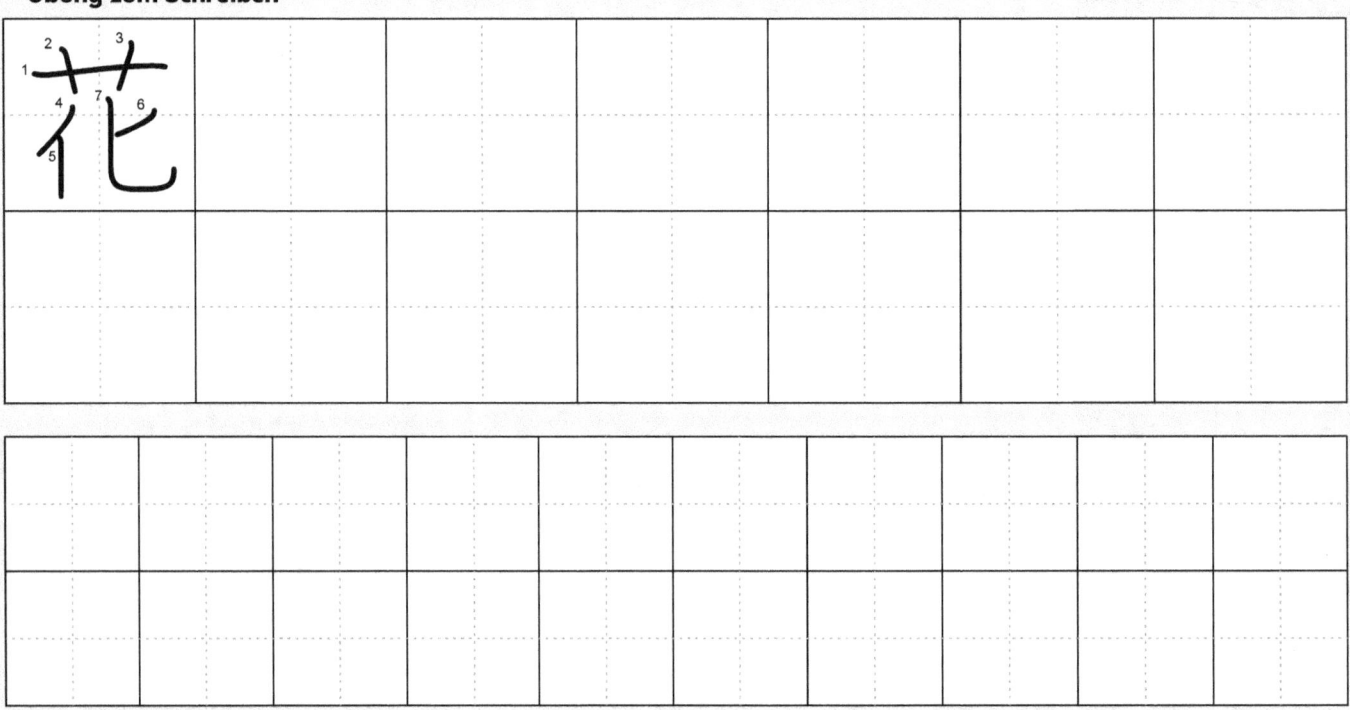

Kanji für Menschen und Dinge

Bedeutung	Geist, Verstand, Luft,	Bestandteile	丶ノ气乞
Radikal	气 (Dampf, Atem)	Kun'yomi	き
Striche	6	On'yomi	キ、ケ

Vokabeln	Bedeutung	Aussprache
気	Geist, Verstand, Herz, Natur, Motivation	き / キ
元気	lebendig, temperamentvoll, energisch	げんき
病気	Krankheit, Seuche, Gebrechen	びょうき
気合	(Kampf-)Geist, Motivation, Anstrengung	きあい / キアイ

Reihenfolge der Striche

Übung zum Schreiben

JLPT N5

生

Bedeutung	Leben, Geburt	**Bestandteile**	生
Radikal	生 (Leben)	**Kun'yomi**	い.きる、い.かす
Striche	5	**On'yomi**	セイ、ショウ

Vokabeln	Bedeutung	Aussprache
生きる	zu leben, zu existieren	いきる
生徒	Schüler, Student	せいと
生	Leben, Leben, ich, ich, mich, Schüler	セイ
先生	Sensei, Lehrer, Ausbilder, Meister	せんせい

Reihenfolge der Striche

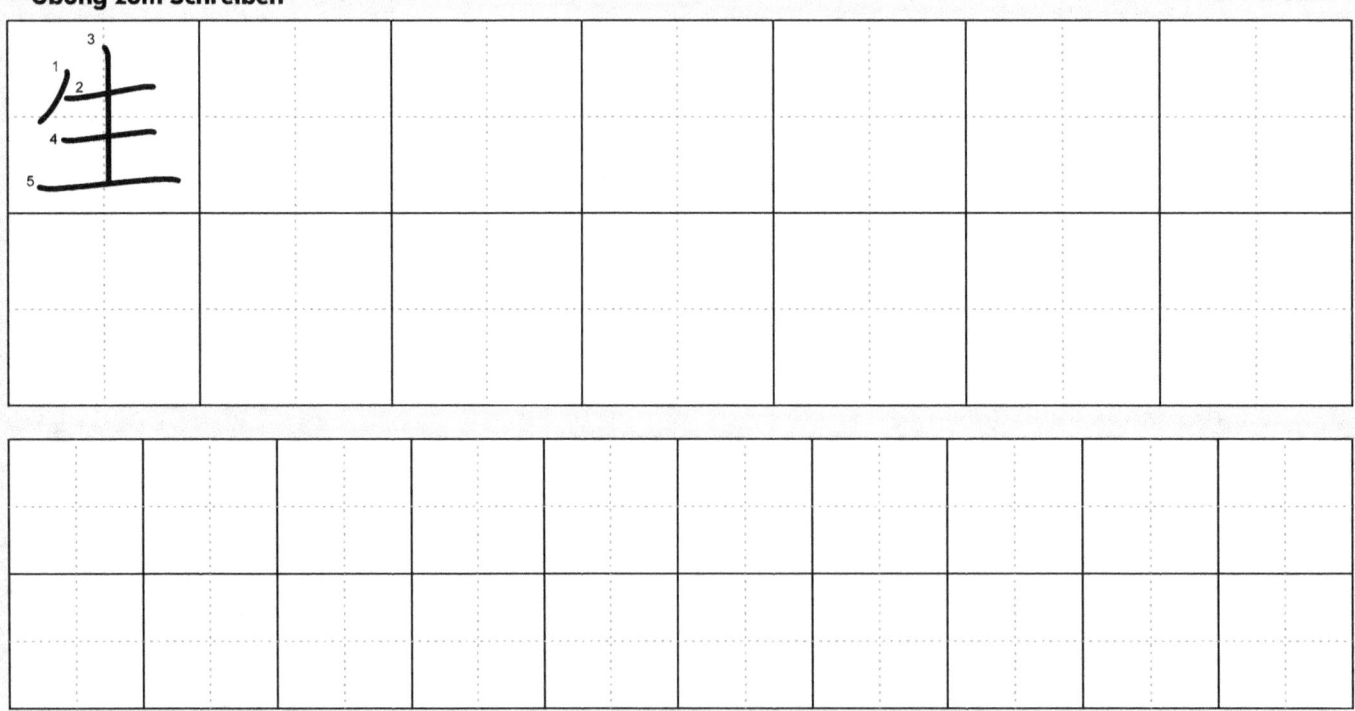

Übung zum Schreiben

Kanji für Menschen und Dinge

Bedeutung	Fisch	Bestandteile	杰 田 魚
Radikal	魚 (Fisch)	Kun'yomi	うお、さかな、-ざかな
Striche	11	On'yomi	ブン、モン

Vokabeln	Bedeutung	Aussprache
魚	Fisch	さかな
魚市場	Fischmarkt	うおいちば
魚類	Fisch, Fische	ギョルイ
鮮魚	frischer Fisch	センギョ

Reihenfolge der Striche

Übung zum Schreiben

JLPT N5

Bedeutung	Himmel, kaiserlich	Bestandteile	一 二 大
Radikal	大 (groß)	Kun'yomi	あまつ、あめ、あま-
Striche	4	On'yomi	テン

Vokabeln	Bedeutung	Aussprache
天気	Wetter, die Elemente	てんき
天	Himmel, Himmel, Gott	テン
天津	himmlisch, kaiserlich	あまつ
天	Himmel	あめ

Reihenfolge der Striche

Übung zum Schreiben

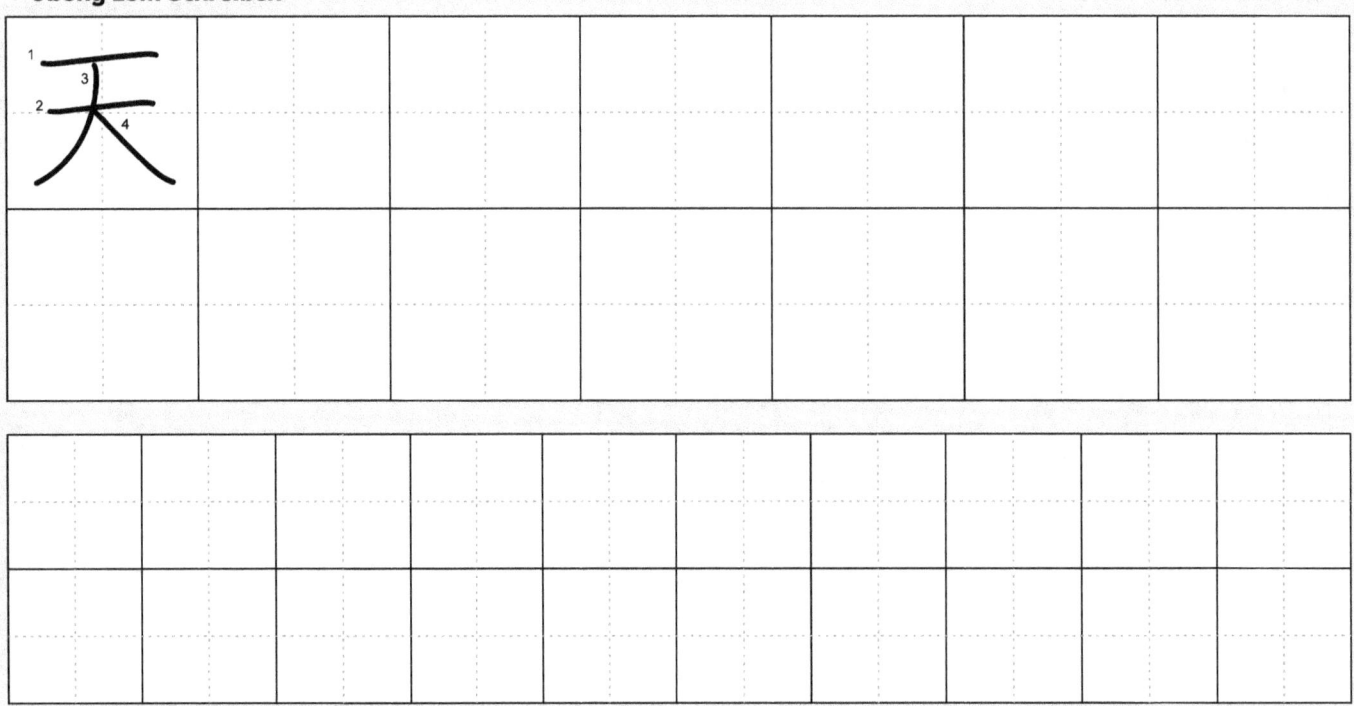

空

Bedeutung	leer, Himmel, Leere	Bestandteile	儿 宀 工 穴
Radikal	穴 (Höhle)	Kun'yomi	そら、あ.く、あ.き
Striche	8	On'yomi	クウ

Vokabeln	Bedeutung	Aussprache
空	Himmel, die Luft, der Himmel, das Wetter	そら
空空	leere Luft, Himmel	クウ
空き	Raum, Zimmer, Lücke, Leerstand	あき
空港	Flughafen	くうこう

Reihenfolge der Striche

Übung zum Schreiben

JLPT N5

Bedeutung	Berg		**Bestandteile**	山
Radikal	山 (Berg)		**Kun'yomi**	やま
Striche	3		**On'yomi**	サン、セン

Vokabeln	Bedeutung	Aussprache
山	Berg, Bergwerk, Hügel	やま
山	Berg, Berg	サン
火山	Vulkan	さんみゃく
雪山	schneebedeckter Berg	セツザン

Reihenfolge der Striche

Übung zum Schreiben

Kanji for People & Things

Bedeutung	Regen	Bestandteile	雨
Radikal	雨 (Regen)	Kun'yomi	あめ、あま-、-さめ
Striche	8	On'yomi	ウ

Vokabeln	Bedeutung		Aussprache
雨	*regen, regentag, regenwetter*		あめ
雨降り	*Niederschlag, Regenwetter, regnerisch, nass*		あめふり
雨季	*Regenzeit*		ウキ
雷雨	*Gewitter*		らいう

Reihenfolge der Striche

Übung zum Schreiben

JLPT N5

Bedeutung	Elektrizität	Bestandteile	乙田雨
Radikal	雨 (Regen)	Kun'yomi	(keine)
Striche	13	On'yomi	デン

Vokabeln	Bedeutung	Aussprache
電話	Telefonanruf	でんわ
電池	Batterie, Zelle	でんち
電化	elctrification	デンカ
電気	Strom	でんき

Reihenfolge der Striche

Übung zum Schreiben

Kanji for People & Things

Bedeutung	Auto, Fahrzeug	Bestandteile	車
Radikal	車 (Auto, Wagen)	Kun'yomi	くるま
Striche	7	On'yomi	シャ

Vokabeln	Bedeutung		Aussprache
車	Auto, Automobil, Fahrzeug		くるま
車	Auto, Fahrzeug		シャ
車椅子	Rollstuhl		くるまいす
電車	Elektrischer Zug, Zug		でんしゃ

Reihenfolge der Striche

Übung zum Schreiben

JLPT N5

Bedeutung	Wort, Sprache, Sprechen	**Bestandteile**	耳、
Radikal	言 (言) (Sprechen)	**Kun'yomi**	かた.る、かた.らう
Striche	14	**On'yomi**	ゴ

Vokabeln	**Bedeutung**	**Aussprache**
語	Wort, Sprache, Rede	ゴ
英語	Englisch (Sprache)	えいご
語る	darüber reden, sprechen, erzählen	かたる
語学	Studium der Fremdsprachen	ゴガク

Reihenfolge der Striche

Übung zum Schreiben

Kanji for People & Things

Bedeutung	Ohr	Bestandteile	耳
Radikal	耳 (Ohr)	Kun'yomi	みみ
Striche	6	On'yomi	ジ

Vokabeln	Bedeutung		Aussprache
耳	Ohr		みみ
左耳	linkes Ohr		ひだりみみ
遠耳	Scharfes Hören		とおみみ
耳障り	Beleidigend (für das Ohr)		みみざわり

Reihenfolge der Striche

Übung zum Schreiben

JLPT N5

Bedeutung	Hand	Bestandteile	手
Radikal	手 (扌 龵) (Hand)	Kun'yomi	て、て-、-て、た-
Striche	4	On'yomi	シュ、ズ

Vokabeln	Bedeutung		Aussprache
手	Hand, Arm, Griff		て
手紙	Brief, Notiz, Post		てがみ
手記	Notiz, Memorandum		シュキ
切手	Briefmarke (Porto)		きって

Reihenfolge der Striche

Übung zum Schreiben

Kanji for People & Things

Bedeutung	Bein, Fuß	Bestandteile	口止足
Radikal	足 (足) (Fuß)	Kun'yomi	あし、た.りる、た.る
Striche	7	On'yomi	ソク

Vokabeln	Bedeutung		Aussprache
足	Fuß, Pfote, Bein		あし
足す	hinzufügen (Zahlen, etwas)		たす
足跡	Fußabdrücke		あしあと
足りる	ausreichend, genug sein		たりる

Reihenfolge der Striche

Übung zum Schreiben

JLPT N5

Bedeutung	Auge, Klasse, Blick	Bestandteile	目
Radikal	目 (Auge)	Kun'yomi	め、-め、ま-
Striche	5	On'yomi	モク、ボク

Vokabeln	Bedeutung	Aussprache
目	Auge, Augapfel, Augenlicht, Sehkraft	め
駄目	nicht gut, nutzlos, kaputt	だめ
目的	Zweck, Ziel, Zielsetzung, Ziel	もくてき
細目	Einzelheiten, Details, bestimmte Dinge	サイモク

Reihenfolge der Striche

Übung zum Schreiben

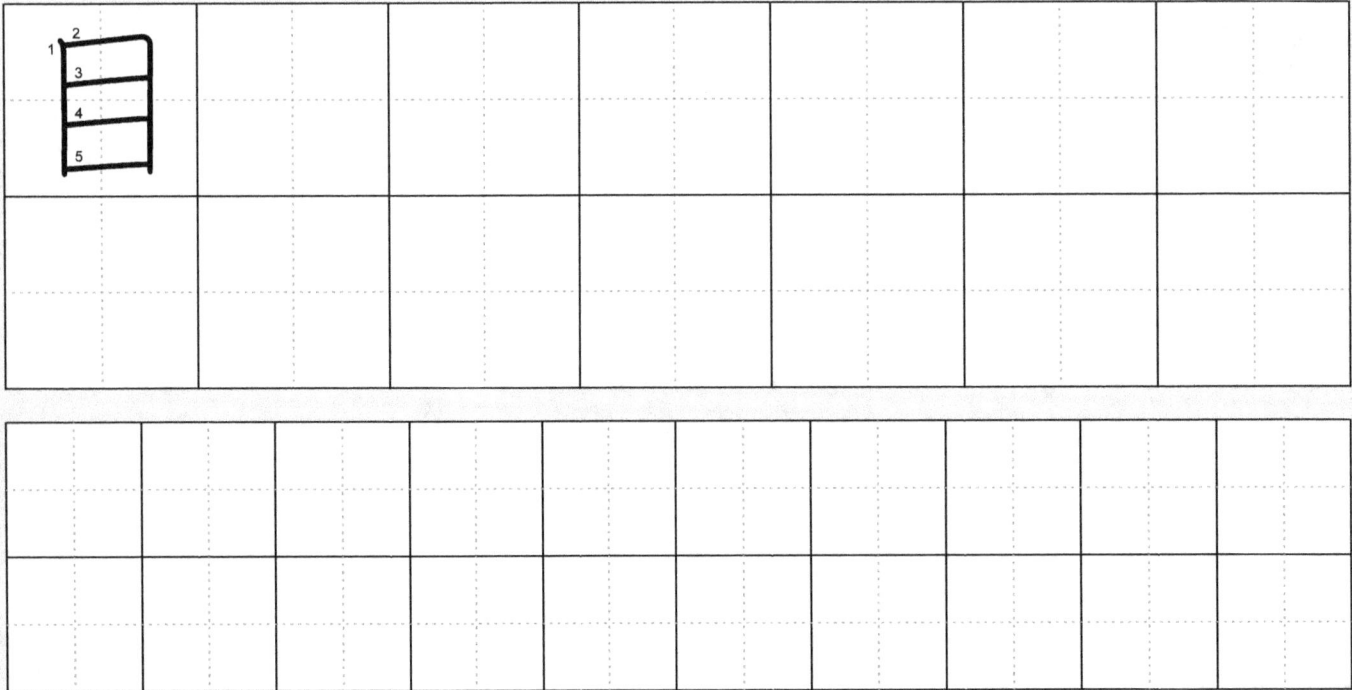

Kanji for People & Things

Bedeutung	Mund, Sprechen	Bestandteile	口 口
Radikal	口 (Mund)	Kun'yomi	くち
Striche	3	On'yomi	コウ、ク

Vokabeln	Bedeutung		Aussprache
口	Mund, Öffnung, Loch, Lücke, Tür		くち
出口	Ausgang, Tor, Ausweg, Ausgang		でぐち
人口	Bevölkerung, allgemeines Gerede		じんこう
大口	große Klappe, prahlerische Rede, Prahlerei		おおぐち

Reihenfolge der Striche

Übung zum Schreiben

JLPT N5

Bedeutung	Name, Bekanntheit, Ruf	**Bestandteile**	口 夕
Radikal	口 (Mund, Öffnung)	**Kun'yomi**	な、-な
Striche	6	**On'yomi**	メイ、ミョウ

Vokabeln	Bedeutung		Aussprache
名	Volkszählung, berühmt, groß, Substantiv		メイ
名前	Name, Vorname, Titel		なまえ
名画	berühmtes Bild, Meisterwerk (Gemälde)		メイガ
仮名	Alias, Pseudonym, Künstlername		かめい

Reihenfolge der Striche

Übung zum Schreiben

Kanji for People & Things

Familienwortschatz

Diese Gruppe von Kanji enthielt grundlegende Begriffe für Personen und Familienmitglieder, aber das Vokabular für die Anrede und die Bezugnahme auf Personen ist komplizierter. Jeder Verwandte hat in verschiedenen Situationen einen anderen Namen, je nachdem, über wen wir sprechen und mit wem wir uns unterhalten.

In der japanischen Kultur sprechen wir über unsere eigenen Familienmitglieder mit einer bescheidenen Sprache, verwenden aber respektvollere Begriffe, wenn wir uns auf die einer anderen Person beziehen *(siehe S.170 - "Sprache des Respekts")*. Es gelten andere Begriffe, wenn wir unsere eigenen Familienmitglieder direkt ansprechen, und wir verwenden auch alternative Wörter, die ältere Geschwister von jüngeren unterscheiden. Die richtige Bezeichnung kann davon abhängen, wie formell das Gespräch oder die Situation ist.

Diese Tabelle zeigt einige der Variationen, ist aber bei weitem nicht erschöpfend:

	① Mitglieder der eigenen Familie ansprechen (höflich)	② Auf die Familie eines anderen verweisen (höflich)	❸ Über Mitglieder der eigenen Familie sprechen (demütig)	Über Mitglieder der eigenen Familie sprechen (höflich)
Mutter	お母さん おかあさん *okāsan*	お母さん おかあさん *okāsan*	母 はは *haha*	Spalte ① oder ②
Vater	お父さん おとうさん *otōsan*	お父さん おとうさん *otōsan*	父 ちち *chichi*	Spalte ① oder ②
Großmutter	お婆ちゃん おばあちゃん *obāchan*	お祖母さん おばあさん *obāsan*	祖母 そぼ *sobo*	Spalte ① oder ②
Großvater	お祖父ちゃん おじいちゃん *ojīchan*	お祖父さん おじいさん *ojīsan*	祖父 そふ *sofu*	Spalte ① oder ②
Jüngerer Bruder	Vornamen verwenden	弟さん おとうとさん *otōtosan*	弟 おとうと *otōto*	Spalte ❸
Älterer Bruder	お兄ちゃん おにいちゃん *onīchan*	お兄さん おにいさん *onīsan*	兄 あに *ani*	Spalte ① oder ②
Jüngere Schwester	Vornamen verwenden	妹さん いもうとさん *imōtosan*	妹 いもうと *imōto*	Spalte ❸
Ältere Schwester	お姉ちゃん おねえちゃん *onēchan*	お姉さん おねえさん *onēsan*	姉 あね *ane*	Spalte ① oder ②

Höfliche und respektvolle Bezeichnungen für andere Menschen haben das Ehrensuffix -さん *(-san)* am Ende und sind für formellere Situationen geeignet. Dieses Suffix ist austauschbar mit -さま *(-sama)* und zeigt ein höheres Maß an Respekt für ernstere Situationen.

Im Zweifelsfall sind die höflichen Formen die sicherste Option. Es ist wichtig zu verstehen, dass der Missbrauch bestimmter Begriffe als respektlos und unhöflich angesehen werden kann - zum Beispiel die Mutter einer anderen Person mit dem bescheidenen Begriff 母 oder はは *(ha-ha)* zu bezeichnen.

Revision: Menschen und Dinge

Kanji aus dieser Gruppe sind Bestandteil vieler gängiger Wörter, daher sollten Sie sie sich gründlich einprägen. Füllen Sie das folgende Quiz aus, ohne auf Ihre Lernseiten zurückzublicken, um zu sehen, ob einige Zeichen mehr Übung brauchen.

F.36 Welches dieser Kanji steht für eine "Frau" und das "weibliche" Geschlecht?

A. 天　B. 女　C. 万　D. 土　E. 友

F.37 Welches dieser Kanji steht für einen "Mann" und das "männliche" Geschlecht?

A. 山　B. 名　C. 気　D. 男　E. 母

F.38 Welches dieser Kanji bedeutet "Mutter"?

A. 金　B. 土　C. 天　D. 母　E. 車

F.39 Welches dieser Kanji bedeutet "Vater"?

A. 父　B. 火　C. 天　D. 友　E. 千

F.40 Wie wird das Kanji 子, das "Kind" bedeutet, ausgesprochen?

A. ど　B. こ　C. の　D. き　E. か

F.41 Welches dieser Kanji steht für das natürliche Element "Wasser"?

A. 父　B. 火　C. 水　D. 木　E. 天

F.42 Welches dieser Kanji bedeutet "Regen" oder "regnerisches Wetter"?

A. 気　B. 川　C. 雨　D. 魚　E. 電

F.43 Welches dieser Kanji bedeutet "Auge", "Augenlicht" oder "Vision"?

A. 母　B. 日　C. 耳　D. 口　E. 目

F.44 Welches dieser Kanji bedeutet **"Auto"** oder **"Fahrzeug"**?

A. 車 B. 名 C. 足 D. 女 E. 語

F.45 Welches Wort bedeutet **"Japanische Sprache"**?

A. 英語 B. 三十日 C. 日月 D. 日時 E. 日本語

F.46 Welche Kanji stehen für einen **"Körperteil"**?

A. 花 B. 名 C. 手 D. 山 E. 生

F.47 Welche der Kanji könnten Sie *in einem Restaurant bestellen*?

A. 足 B. 火 C. 人 D. 魚 E. 友

F.48 Welches dieser Wörter ist *etwas, das Sie nachts beobachten würden*?

A. 木材 B. 空港 C. 川岸 D. 花火 E. 名前

F.49 Wie *spricht* man das Wort 名前 aus, das einen *Vor- oder Nachnamen bedeutet*?

A. ままえ B. なまえ C. なまう D. まなえ E. まなう

F.50 Welches dieser Kanji bedeutet **"Baum"** oder **"Holz"**?

A. 木 B. 六 C. 土 D. 天 E. 人

F.51 Das Zeichen 灬 ist eine *Variante* welchen Kanjis?

A. 川 B. 火 C. 空 D. 花 E. 金

F.52 Wie spricht man das Kanji 山, das **"Berg"** oder **"Hügel"** bedeutet, aus?

A. くや B. まか C. せい D. くま E. やま

F.53 Welche *Bedeutung* hat das Kanji 口 allgemein?

A. Hand B. Mund C. Arm D. Nase E. Fuß

Bedeutung	Laden, Geschäft	**Bestandteile**	ト ロ 广
Radikal	广 (Haus auf Klippe)	**Kun'yomi**	みせ、たな
Striche	8	**On'yomi**	テン

Vokabeln	Bedeutung		Aussprache
店	Geschäft, Betrieb, Restaurant		みせ
店	Laden, Geschäft, Restaurant		テン
店先	Schaufenster, Schaufenster		みせさき
書店	Buchhandlung, Buchladen		しょてん

Reihenfolge der Striche

Übung zum Schreiben

Kanji für Orte & Wegbeschreibungen

Bedeutung	Bahnhof	Bestandteile	丶 尸 杰 馬
Radikal	馬 (Pferd)	Kun'yomi	(keine)
Striche	14	On'yomi	エキ

Vokabeln	Bedeutung	Aussprache
駅	Bahnhof, Bahnstation	エキ
駅員	(Zug-)Bahnhofsvorsteher, Angestellter	エキイン
駅前	vor einem Bahnhof	えきまえ
終着駅	hinausgehen, weggehen	シュウチャクエキ

Reihenfolge der Striche

Übung zum Schreiben

JLPT N5

Bedeutung	Straße, Pfad, Weg	Bestandteile	并込自首
Radikal	辵 Spaziergang	Kun'yomi	みち、いう
Striche	12	On'yomi	ドウ、トウ

Vokabeln	Bedeutung	Aussprache
道	Weg, Pfad, Straße, Fahrspur, Durchgang	みち
道具	Werkzeug, Gerät, Vorrichtung, Instrument	どうぐ
道筋	Pfad, Route, Wegstrecke	みちすじ
道	Straße, Weg, Straße, Route, Weg	ドウ

Reihenfolge der Striche

Übung zum Schreiben

Kanji für Orte & Wegbeschreibungen

Bedeutung	Firma, Schrein, Büro	Bestandteile	土 礼
Radikal	示 (ネ) (Zeichen)	Kun'yomi	やしろ
Striche	7	On'yomi	シャ

Vokabeln	Bedeutung	Aussprache
社	(Shinto-)Schrein,	やしろ
社	Unternehmen, Verein, Gesellschaft	シャ
社長	Firmenpräsident, Manager	しゃちょう
社会	Gesellschaft, Öffentlichkeit, die Welt	しゃかい

Reihenfolge der Striche

Übung zum Schreiben

JLPT N5

Bedeutung	Land, Staat, Region	Bestandteile	丶 口 王
Radikal	囗 (Beilage)	Kun'yomi	くに
Striche	8	On'yomi	コク

Vokabeln	Bedeutung	Aussprache
国	Land, Staat, Region	くに
国語	Japanisch, Landessprache	こくご
国益	nationales Interesse	コクエキ
外国人	Ausländer, ausländischer Bürger	がいこくじん

Reihenfolge der Striche

Übung zum Schreiben

Kanji für Orte & Wegbeschreibungen

Bedeutung	außerhalb	Bestandteile	ト タ
Radikal	タ (Abend)	Kun'yomi	そと、ほか、はず.す
Striche	5	On'yomi	ガイ、ゲ

Vokabeln	Bedeutung	Aussprache
外	außerhalb, außerhalb, außerhalb Ihrer Gruppe	そと
外	außerhalb von, nicht abgedeckt durch	ガイ
外国	ausländisches Land	がいこく
海外	ausländisch, im Ausland, in Übersee	かいがい

Reihenfolge der Striche

Übung zum Schreiben

JLPT N5

Bedeutung	Studium, Wissenschaft	Bestandteile	⼀ 子 尚
Radikal	子　(Kind, Samen)	Kun'yomi	まな.ぶ
Striche	8	On'yomi	ガク

Vokabeln	Bedeutung		Aussprache
学ぶ	studieren, lernen		まなぶ
大学	Universität, Hochschule		だいがく
学	Lernen, Stipendium		ガク
学位	(akademischer) Abschluss		ガクイ

Reihenfolge der Striche

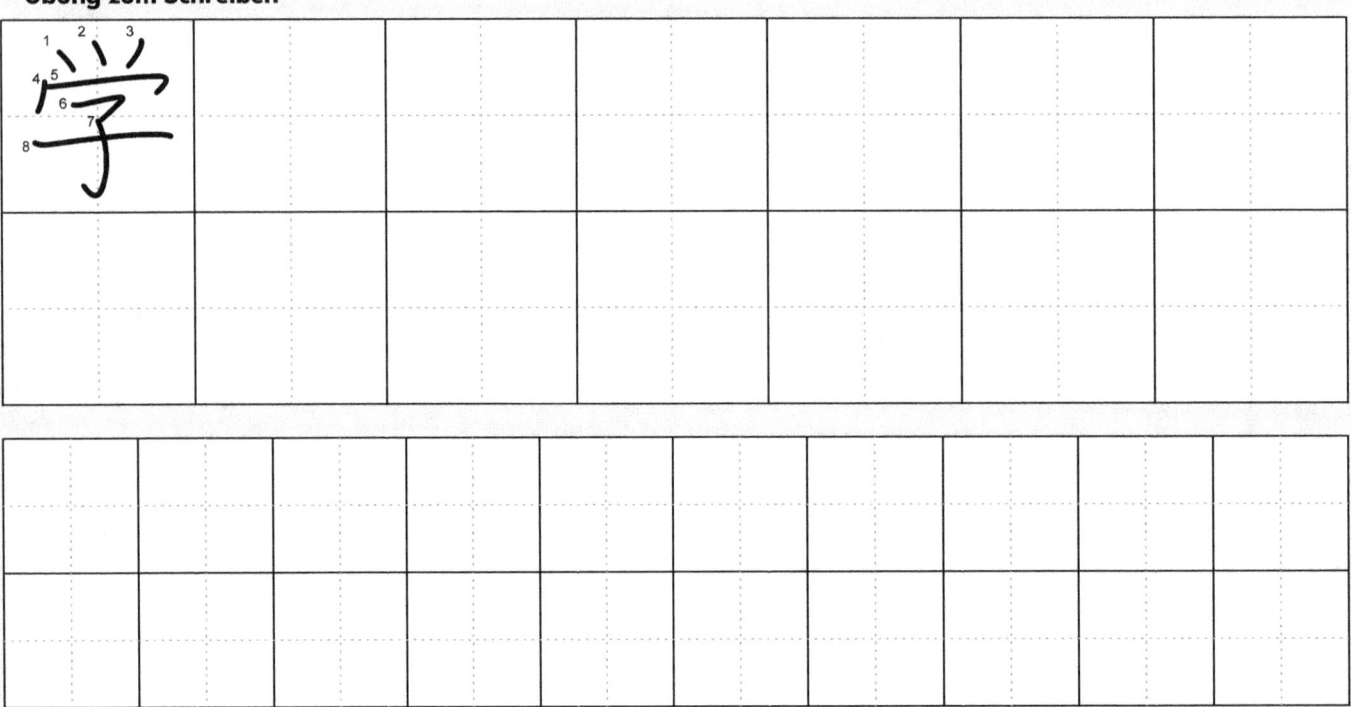

Übung zum Schreiben

Kanji für Orte & Wegbeschreibungen

Bedeutung	Prüfung, Schule	Bestandteile	亠 木 父
Radikal	木 (Baum)	Kun'yomi	(keine)
Striche	10	On'yomi	コウ、キョウ

Vokabeln	Bedeutung	Aussprache
校	Schule	コウ
学校	Schule	がっこう
高校	Oberstufe/Hochschule	こうこう
校長	Direktor, Schulleiter	こうちょう

Reihenfolge der Striche

Übung zum Schreiben

JLPT N5

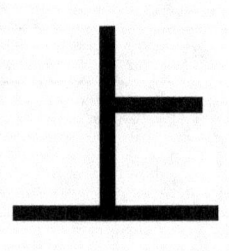

Bedeutung	oberhalb, oben	Bestandteile	一 ト
Radikal	一 (eine)	Kun'yomi	うえ、-うえ、うわ-
Striche	3	On'yomi	ジョウ、ショウ、シャン

Vokabeln	Bedeutung	Aussprache
上	über, oben, über, älter (Tochter), oben	うえ
上	in der Tat, über, auf, am, besten	ジョウ
上げる	erheben, erheben lassen	あげる
上着	Mantel, Jacke, Obergewand	うわぎ

Reihenfolge der Striche

Übung zum Schreiben

Kanji für Orte & Wegbeschreibungen

Bedeutung	unten, unter	Bestandteile	一 丨 卜
Radikal	一 (eine)	Kun'yomi	した、しも、もと、くだ.さる
Striche	3	On'yomi	カ、ゲ

Vokabeln	Bedeutung	Aussprache
下	unten, unten, unter, jünger	した
靴下	Socken, Strümpfe	くつした
下る	hinabsteigen, hinuntergehen, hinunterkommen	くだる
地下鉄	U-Bahn, unterirdischer Zug	ちかてつ

Reihenfolge der Striche

Übung zum Schreiben

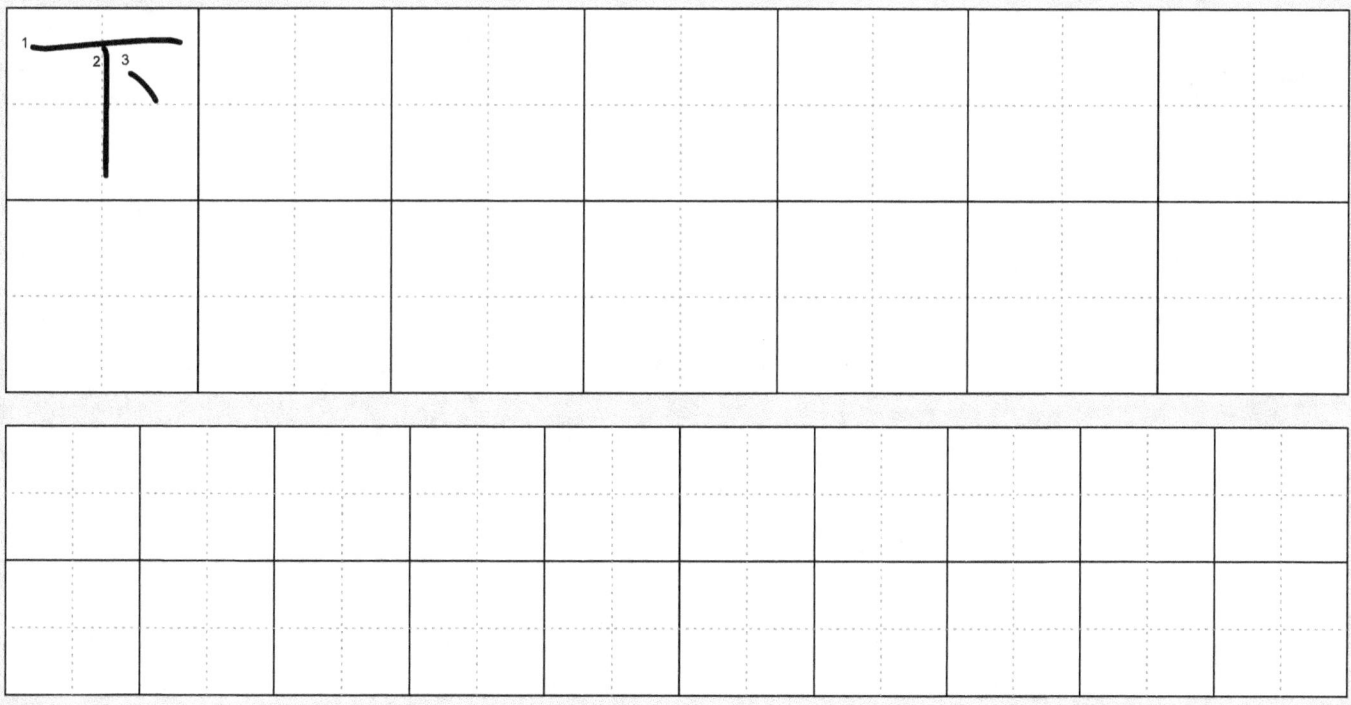

JLPT N5

Bedeutung	in, innerhalb, Mitte	Bestandteile	丨 口
Radikal	丨 (Zeile)	Kun'yomi	なか、うち、あた.る
Striche	4	On'yomi	チュウ

Vokabeln	Bedeutung		Aussprache
中	innen, innen, Mitte, Zentrum		なか
中	mittel, durchschnittlich, mittel		チュウ
日中	tagsüber, tagsüber		にっちゅう
中心	Zentrum, Mitte, Kern, Herz, Fokus		ちゅうしん

Reihenfolge der Striche

Übung zum Schreiben

Kanji für Orte & Wegbeschreibungen

Bedeutung	Norden	Bestandteile	ヒ 爿
Radikal	ヒ (Löffel)	Kun'yomi	きた
Striche	5	On'yomi	ホク

Vokabeln	Bedeutung	Aussprache
北	Nord, Norden, der Norden	きた
西北	Nordwesten	せいほく / セイホク
北欧	Nordeuropa, Nordische Länder	ホクオウ
北海道	Hokkaidou (Inselpräfektur)	ほっかいどう

Reihenfolge der Striche

Übung zum Schreiben

JLPT N5

Bedeutung	Westen, Spanien	Bestandteile	西
Radikal	西 (襾, 覀) (Westen)	Kun'yomi	にし
Striche	6	On'yomi	セイ、サイ、ス

Vokabeln	Bedeutung		Aussprache
西	West, Westen		にし
西方	westliche Richtung		せいほう
西	Spanien, Spanisch (Sprache)		セイ
西洋	der Westen, westliche Länder		せいよう

Reihenfolge der Striche

Übung zum Schreiben

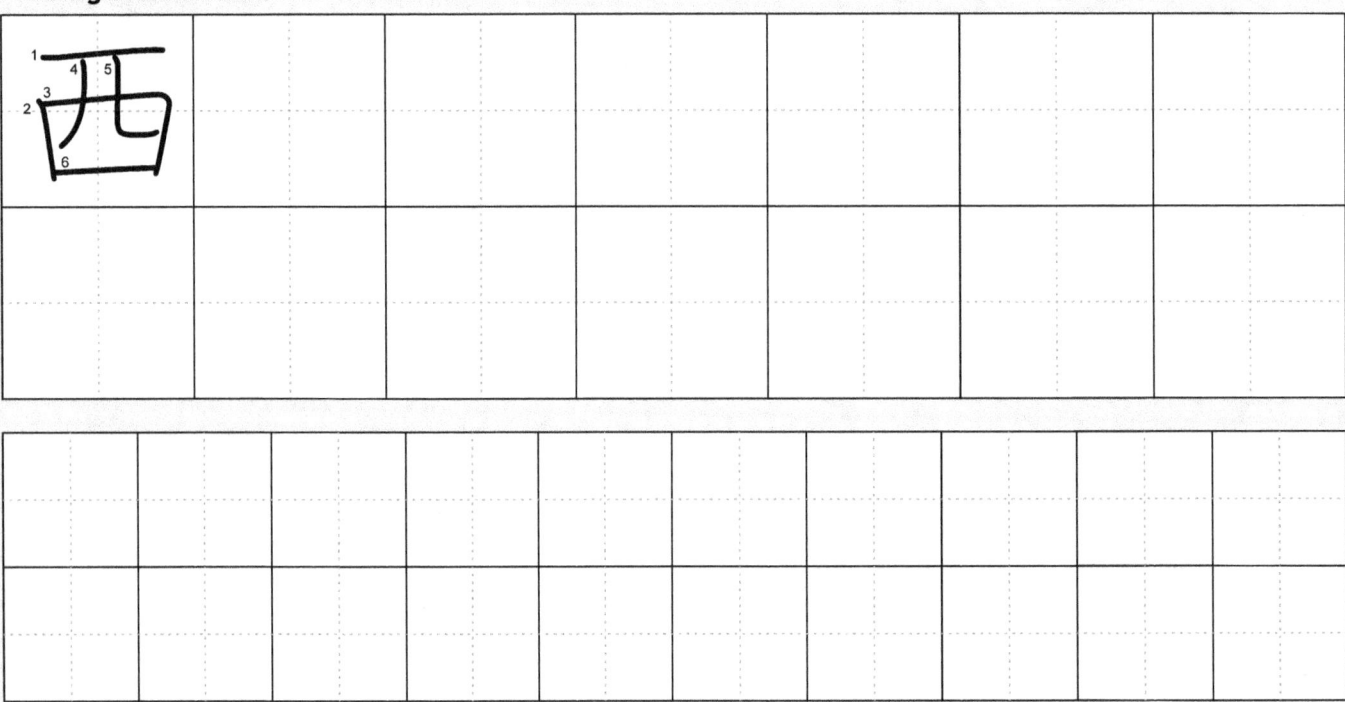

Kanji für Orte & Wegbeschreibungen

Bedeutung	Osten	Bestandteile	一｜日木田
Radikal	木 (Baum)	Kun'yomi	ひがし
Striche	9	On'yomi	トウ

Vokabeln	Bedeutung	Aussprache
東	Osten	ひがし
東京	Tokio	とうきょう
東方	östliche Richtung, der Orient	とうほう
東欧	Ost-Europa	トウオウ

Reihenfolge der Striche

Übung zum Schreiben

JLPT N5

Bedeutung	Süden	Bestandteile	井冂十干
Radikal	十 (zehn)	Kun'yomi	みなみ
Striche	9	On'yomi	ナン、ナ

Vokabeln	Bedeutung	Aussprache
南	Süden	みなみ
東南	Süd-Ost	とうなん / トウナン
西南	Südwesten	せいなん / セイナン
南海	südliches Meer	ナンカイ

Reihenfolge der Striche

Übung zum Schreiben

Kanji für Orte & Wegbeschreibungen

右

Bedeutung	rechts, rechte Seite	Bestandteile	一ノ口
Radikal	口 (Mund, Öffnung)	Kun'yomi	みぎ
Striche	5	On'yomi	ウ、ユウ

Vokabeln	Bedeutung	Aussprache
右	rechts, rechte Seite	みぎ
右腕	rechter Arm, Rechtshänder	みぎうで
最右	ganz rechts, ganz rechts	サイウ
左右	links und rechts	サユウ

Reihenfolge der Striche

Übung zum Schreiben

JLPT N5

Bedeutung	links, linke Seite	**Bestandteile**	一ノ工
Radikal	工 (Arbeit)	**Kun'yomi**	ひだり
Striche	5	**On'yomi**	サ、シャ

Vokabeln	Bedeutung		Aussprache
左	links, linke Seite		ひだり
左利き	Linkshänder		ひだりき
左右	links und rechts		サユウ
左手	linke Hand		ひだりて

Reihenfolge der Striche

Übung zum Schreiben

Kanji für Orte & Wegbeschreibungen

Bedeutung	Sitzung, Treffen, Party	Bestandteile	ニ 个 ム
Radikal	人 (イ) (Mann, Mensch)	Kun'yomi	あ.う、あ.わせる
Striche	6	On'yomi	カイ、エ

Vokabeln	Bedeutung		Aussprache
会社	Unternehmen, Arbeitsplatz		かいしゃ
会う	treffen, begegnen		あう
会釈	leichte Verbeugung, Nicken		エシャク
会	Treffen / Versammlung		カイ / エ

Reihenfolge der Striche

Übung zum Schreiben

Kanji für Verben

Bedeutung	sehen, hoffen, Idee	Bestandteile	儿 目 見
Radikal	見 (sehen)	Kun'yomi	み.る、み.える、み.せる
Striche	7	On'yomi	ケン

Vokabeln	Bedeutung		Aussprache
見せる	zeigen, ausstellen		みせる
見る	sehen		みる
見解	Meinung, Sichtweise		ケンカイ
花見	Kirschblütenbesichtigung		はなみ

Reihenfolge der Striche

Übung zum Schreiben

Kanji für Verben

Bedeutung	zuhören, hören, fragen	**Bestandteile**	耳門
Radikal	耳 (Ohr)	**Kun'yomi**	き.く、き.こえる
Striche	14	**On'yomi**	ブン、モン

Vokabeln	Bedeutung	Aussprache
新聞	Zeitung	しんぶん
見聞	Information, Erfahrung, Beobachtung	けんぶん
聞く	hören, zuhören (Musik)	きく
聞こえる	gehört werden	きこえる

Reihenfolge der Striche

Übung zum Schreiben

JLPT N5

Bedeutung	zu schreiben	Bestandteile	日 聿
Radikal	日 (sagen)	Kun'yomi	か.く、-が.き、-がき
Striche	10	On'yomi	ショ

Vokabeln	Bedeutung		Aussprache
辞書	Wörterbuch		じしょ
書く	schreiben, zeichnen, komponieren		かく
書	Buch, Dokument		ショ
図書館	Bibliothek		としょかん

Reihenfolge der Striche

Übung zum Schreiben

Kanji für Verben

読

Bedeutung	zu lesen	**Bestandteile**	ル 一 士 言
Radikal	言 (言) (Sprache)	**Kun'yomi**	よ.む、-よ.み
Striche	14	**On'yomi**	ドク、トク、トウ

Vokabeln	**Bedeutung**	**Aussprache**
読む	lesen, erraten	よむ
読者	Leser	ドクシャ
読書	Lesen (eines Buches)	ドクショ
読み方	Aussprache, Lesen	よみかた

Reihenfolge der Striche

Übung zum Schreiben

JLPT N5

Bedeutung	zum Gespräch	Bestandteile	口 舌 言
Radikal	言（言）(Sprache)	Kun'yomi	はな.す、はなし
Striche	13	On'yomi	ワ

Vokabeln	Bedeutung		Aussprache
話す	reden		はなす
会話	Konversation, Chat		かいわ
電話機	Telefon		でんわき
電話	Telefonat		でんわ

Reihenfolge der Striche

Übung zum Schreiben

Kanji für Verben

Bedeutung	zu kaufen	Bestandteile	八 目 買 貝
Radikal	貝 (Muschel)	Kun'yomi	か.う
Striche	12	On'yomi	バイ

Vokabeln	Bedeutung		Aussprache
買い物	Einkaufen		かいもの
買う	kaufen, einkaufen		かう
不買	nicht kaufen		フバイ
買収	Erwerb, Aufkauf		バイシュウ

Reihenfolge der Striche

Übung zum Schreiben

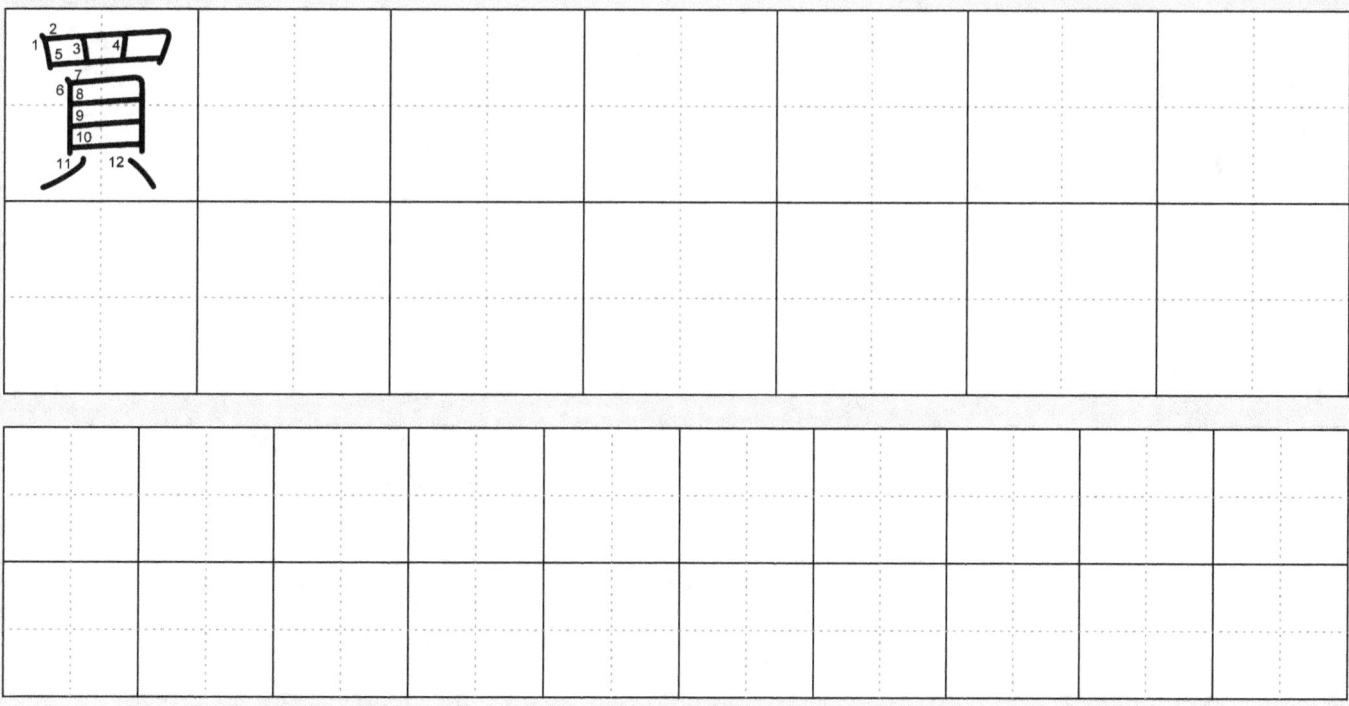

JLPT N5

行

Bedeutung	gehen, durchführen	**Bestandteile**	彳 行
Radikal	行 (gehen, tun)	**Kun'yomi**	い.く、ゆ.く、-ゆ.き
Striche	6	**On'yomi**	コウ、ギョウ、アン

Vokabeln	Bedeutung	Aussprache
銀行	Bank	ぎんこう
行く	gehen, sich bewegen (in Richtung)	いく
旅行	Reise, Reise, Reise	りょこう
飛行機	Flugzeug, Flugzeug	ひこうき

Reihenfolge der Striche

Übung zum Schreiben

Kanji für Verben

Bedeutung	verlassen, rausgehen	**Bestandteile**	丨 山 凵
Radikal	凵 (offener Mund)	**Kun'yomi**	で.る、-で、だ.す
Striche	5	**On'yomi**	シュツ、スイ

Vokabeln	Bedeutung		Aussprache
出る	verlassen, aussteigen, hinausgehen		でる
出来る	in der Lage sein, bereit zu sein		できる
出す	hinausgehen		だす
出かける	hinausgehen, verlassen		でかける

Reihenfolge der Striche

Übung zum Schreiben

JLPT N5

Bedeutung	hineingehen, eintreten	Bestandteile	入
Radikal	入 (eingeben)	Kun'yomi	い.る、-い.る、-い.り
Striche	2	On'yomi	ニュウ、ジュ

Vokabeln	Bedeutung	Aussprache
入口	Eingang, Eingang, Tor	いりぐち
入る	einsteigen, hineingehen	いる
押入れ	(eingebauter) Kleiderschrank, Wandschrank	おしいれ
入学	Aufnahme (Schule), Einschreibung	にゅうがく

Reihenfolge der Striche

Übung zum Schreiben

Kanji für Verben

Bedeutung	Ruhe, freier Tag, Schlaf	**Bestandteile**	化 木
Radikal	人 (イ) (Mann, Mensch)	**Kun'yomi**	やす.む、やす.まる
Striche	6	**On'yomi**	キュウ

Vokabeln	Bedeutung		Aussprache
休む	einen Tag frei nehmen		やすむ
休暇	freier Tag, Urlaub		キュウカ
休み	ausruhen, Pause, Atempause		やすみ
休める	ausruhen, aussetzen		やすめる

Reihenfolge der Striche

Übung zum Schreiben

JLPT N5

Bedeutung	Essen, Lebensmittel	Bestandteile	食
Radikal	食 (飠) (essen)	Kun'yomi	く.う、く.らう、た.べる
Striche	9	On'yomi	ショク、ジキ

Vokabeln	Bedeutung	Aussprache
食べる	zum Essen	たべる
食堂	Speisesaal	しょくどう
食事	Mahlzeit, Abendessen	しょくじ
食	Essen	ショク

Reihenfolge der Striche

Übung zum Schreiben

Kanji für Verben

Bedeutung	trinken, nehmen	Bestandteile	欠 食
Radikal	食 (飠) (essen)	Kun'yomi	の.む、-の.み
Striche	12	On'yomi	イン、オン

Vokabeln	Bedeutung		Aussprache
飲み物	Getränk, trinken		のみもの
飲む	zu trinken		のむ
飲食	Essen und Trinken		インショク
飲み屋	Bar, Kneipe, Taverne		のみや

Reihenfolge der Striche

Übung zum Schreiben

JLPT N5

Bedeutung	zu sagen, Wort	Bestandteile	言
Radikal	言 (Sprache)	Kun'yomi	い.う、こと
Striche	7	On'yomi	ゲン、ゴン

Vokabeln	Bedeutung	Aussprache
言う	zu sagen	いう
言葉	Sprache, Dialekt	ことば
過言	Übertreibung	カゴン
助言	Ratschläge, Ratschläge	じょげん

Reihenfolge der Striche

Übung zum Schreiben

Kanji für Verben

立

Bedeutung	stehen, aufbauen	Bestandteile	立
Radikal	立 (stehen, aufrecht)	Kun'yomi	た.つ、-た.つ、た.ち-
Striche	5	On'yomi	リツ、リュウ、リットル

Vokabeln	Bedeutung		Aussprache
立つ	aufstehen, sich erheben		たつ
独立	Unabhängigkeit		どくりつ
立派	prächtig, schön		りっぱ
役に立つ	hilfreich/nützlich sein		やくにたつ

Reihenfolge der Striche

Übung zum Schreiben

JLPT N5

Revision: Orte & Wegbeschreibungen

F.54 Welches dieser Kanji bedeutet "**Norden**"?

    A. 下   B. 上   C. 南   D. 東   E. 北

F.55 Welches dieser Kanji bedeutet "**Süden**"?

    A. 下   B. 上   C. 南   D. 東   E. 北

F.56 Welches dieser Kanji bedeutet "**Osten**"?

    A. 国   B. 西   C. 道   D. 南   E. 東

F.57 Welches dieser Kanji bedeutet "**Westen**"?

    A. 国   B. 西   C. 道   D. 南   E. 東

F.58 Welches dieser Kanji bedeutet "**links**" oder "**linke Seite**"?

    A. 右   B. 北   C. 左   D. 社   E. 外

F.59 Welches dieser Kanji bedeutet "**rechts**" oder "**rechte Seite**"?

    A. 右   B. 北   C. 左   D. 社   E. 外

F.60 An welchem dieser Orte würden Sie *Lebensmittel kaufen*?

    A. 社   B. 店   C. 校   D. 駅   E. 学

F.61 Welches dieser Wörter bedeutet "**Tokio**"?

    A. 大阪   B. 東京   C. 神戸   D. 京都   E. 岡山

F.62 Wie würden Sie "**Tokio**" auf Japanisch *aussprechen*?

    A. こうべ   B. なごや   C. おおさか   D. とうきょう

Revision: Verben

F.63 Welches dieser Kanji bedeutet **"lesen"**?

A. 飲　B. 話　C. 聞　D. 読　E. 食

F.64 Welches dieser Kanji bedeutet **"schreiben"**?

A. 書　B. 読　C. 食　D. 話　E. 飲

F.65 Welches dieser Kanji bedeutet **"sprechen"**?

A. 白　B. 話　C. 聞　D. 書　E. 食

F.66 Welches dieser Kanji bedeutet **"essen"**?

A. 食　B. 聞　C. 読　D. 長　E. 言

F.67 Welches dieser Kanji bedeutet **"trinken"**?

A. 言　B. 見　C. 立　D. 聞　E. 飲

F.68 Welches dieser Kanji bedeutet **"treffen"**?

A. 立　B. 会　C. 入　D. 出　E. 行

F.69 Welches dieser Kanji bedeutet **"eintreten"**?

A. 人　B. 行　C. 会　D. 見　E. 入

F.70 Welches dieser Kanji bedeutet **"kaufen"**?

A. 飲　B. 食　C. 買　D. 休　E. 立

Bedeutung	viele, häufig, viel	**Bestandteile**	夕
Radikal	夕 (Abend)	**Kun'yomi**	おお.い、まさ.に
Striche	6	**On'yomi**	タ

Vokabeln	Bedeutung	Aussprache
多い	viele	おおい
多分	vielleicht, wahrscheinlich	たぶん
滅多に	selten, selten	めったに
多彩	bunt, vielfarbig	たさい

Reihenfolge der Striche

Übung zum Schreiben

Kanji für Adjektive

Bedeutung	wenige, wenig	Bestandteile	ノ小
Radikal	小 (klein)	Kun'yomi	すく.ない、すこ.し
Striche	4	On'yomi	ショウ

Vokabeln	Bedeutung	Aussprache
少ない	wenige, ein wenig	すくない
少年	Junge, Bursche, Jugendlicher, juvenil	しょうねん
少女	Mädchen (7-17 J.), junge Dame	しょうじょ
最小限	minimal, am wenigsten, am wenigsten	さいしょうげん

Reihenfolge der Striche

Übung zum Schreiben

JLPT N5

古

Bedeutung	alt, gealtert, uralt	Bestandteile	十 口
Radikal	口 (Mund, Öffnung)	Kun'yomi	ふる.い、ふる-
Striche	5	On'yomi	コ

Vokabeln	Bedeutung	Aussprache
古い	alt	ふるい
中古	gebraucht, aus zweiter Hand	ちゅうこ
稽古	Praxis, Studium, Ausbildung	けいこ
故郷	Heimatstadt, Geburtsort	ふるさと

Reihenfolge der Striche

Übung zum Schreiben

Kanji für Adjektive

Bedeutung	neu, frisch, aktuell	Bestandteile	亠 并 斤 木 立 辛
Radikal	斤 (Axt)	Kun'yomi	あたら.しい、あら.た
Striche	13	On'yomi	シン

Vokabeln	Bedeutung	Aussprache
新聞	Zeitung	しんぶん
新しい	neu	あたらしい
新人	neues Gesicht, Neuling, neuer Rekrut	しんじん
新幹線	Shinkansen (Hochgeschwindigkeitszug)	しんかんせん

Reihenfolge der Striche

Übung zum Schreiben

JLPT N5

Bedeutung	groß, wichtig	**Bestandteile**	大
Radikal	大 (groß, sehr)	**Kun'yomi**	おお-、おお.きい
Striche	3	**On'yomi**	ダイ、タイ

Vokabeln	Bedeutung	Aussprache
大きい	*groß, groß, laut*	おおきい
大変	*sehr, furchtbar, immens*	たいへん
大学	*Universität, Hochschule*	だいがく
大事	*wichtig, ernst*	だいじ

Reihenfolge der Striche

Übung zum Schreiben

Kanji für Adjektive

Bedeutung	wenig, klein, winzig	Bestandteile	小
Radikal	小 (klein)	Kun'yomi	ちい.さい、こ-、お-
Striche	3	On'yomi	ショウ

Vokabeln	Bedeutung	Aussprache
小さい	wenig	ちいさい
小屋	Hütte, Häuschen	こや
小指	Kleiner Finger/Leimfinger	こゆび
小学校	Volksschule	しょうがっこう

Reihenfolge der Striche

Übung zum Schreiben

JLPT N5

Bedeutung	entspannen, billig	**Bestandteile**	女 宀
Radikal	宀 (Dach)	**Kun'yomi**	やす.い、やす.まる
Striche	6	**On'yomi**	アン

Vokabeln	Bedeutung		Aussprache
安い	günstig, billig		やすい
安全	Sicherheit, Sicherheit		あんぜん
安易	leicht, einfach		あんい
安らか	friedlich, ruhig		やすらか

Reihenfolge der Striche

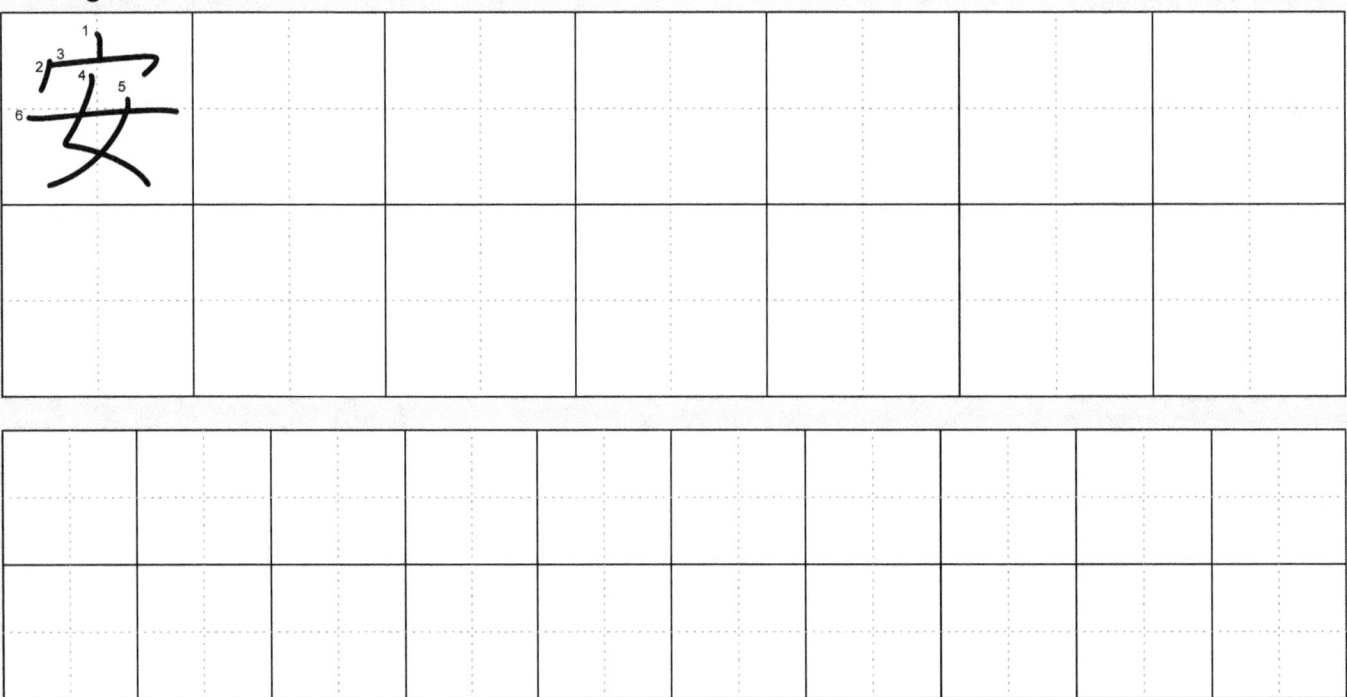

Übung zum Schreiben

Kanji für Adjektive

高

Bedeutung	groß, hoch, teuer	**Bestandteile**	亠冂口高
Radikal	高 (髙) (hoch)	**Kun'yomi**	たか.い、たか、-だか
Striche	10	**On'yomi**	コウ

Vokabeln	Bedeutung	Aussprache
高い	teuer	たかい
高校	Oberstufe, Highschool	こうこう
高める	anheben, hochheben	たかめる
名高い	berühmt, bekannt	なだかい

Reihenfolge der Striche

Übung zum Schreiben

JLPT N5

Bedeutung	lang, führend, überlegen	Bestandteile	長
Radikal	長 (镸) (wachsen, lang)	Kun'yomi	なが.い、おさ
Striche	8	On'yomi	チョウ

Vokabeln	Bedeutung		Aussprache
長い	lang (Entfernung, Länge)		ながい
部長	Manager		ぶちょう
校長	Direktor, Schulleiter		こうちょう
長方形	rechteckig, länglich		ちょうほうけい

Reihenfolge der Striche

Übung zum Schreiben

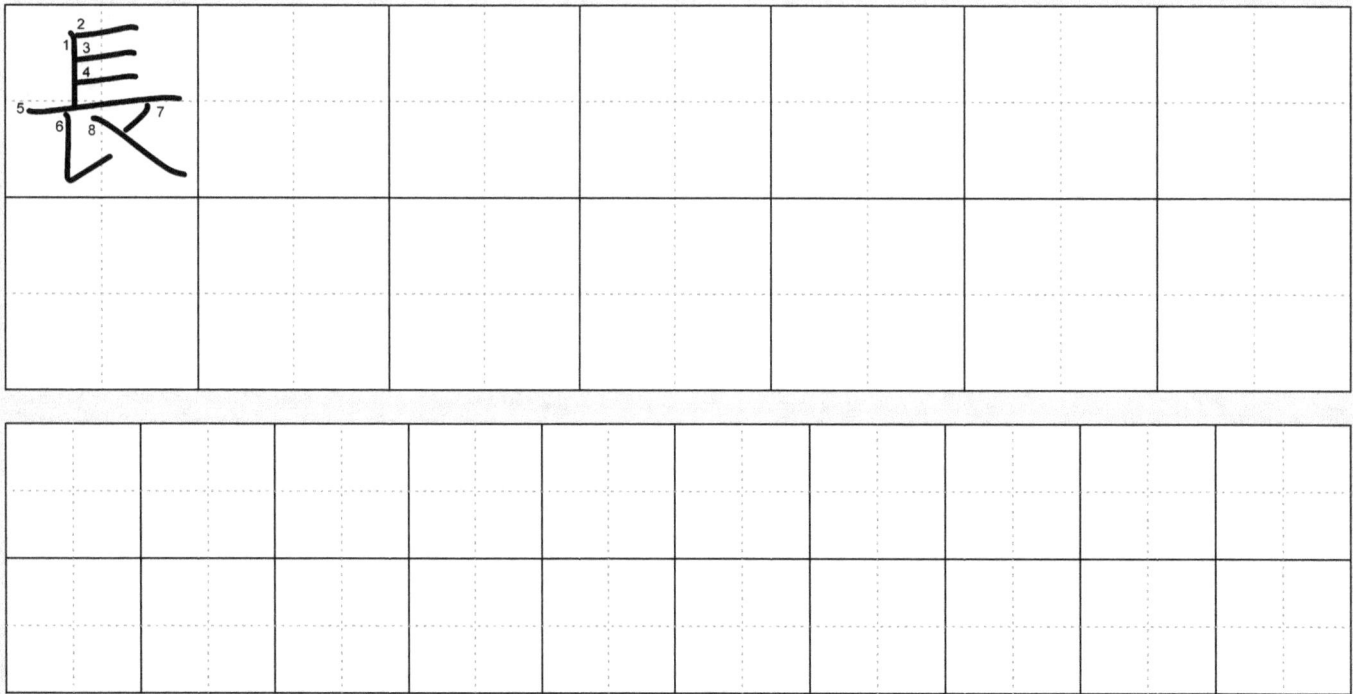

Kanji für Adjektive

Bedeutung	Weiß, Unschuld	Bestandteile	白
Radikal	白 (Weiß)	Kun'yomi	しろ、しら-、しろ.い
Striche	5	On'yomi	ハク、ビャク

Vokabeln	Bedeutung	Aussprache
白い	weiß	しろい
面白い	interessant	おもしろい
青白い	blass	あおじろい
告白	Eingeständnis, Aussage	こくはく

Reihenfolge der Striche

Übung zum Schreiben

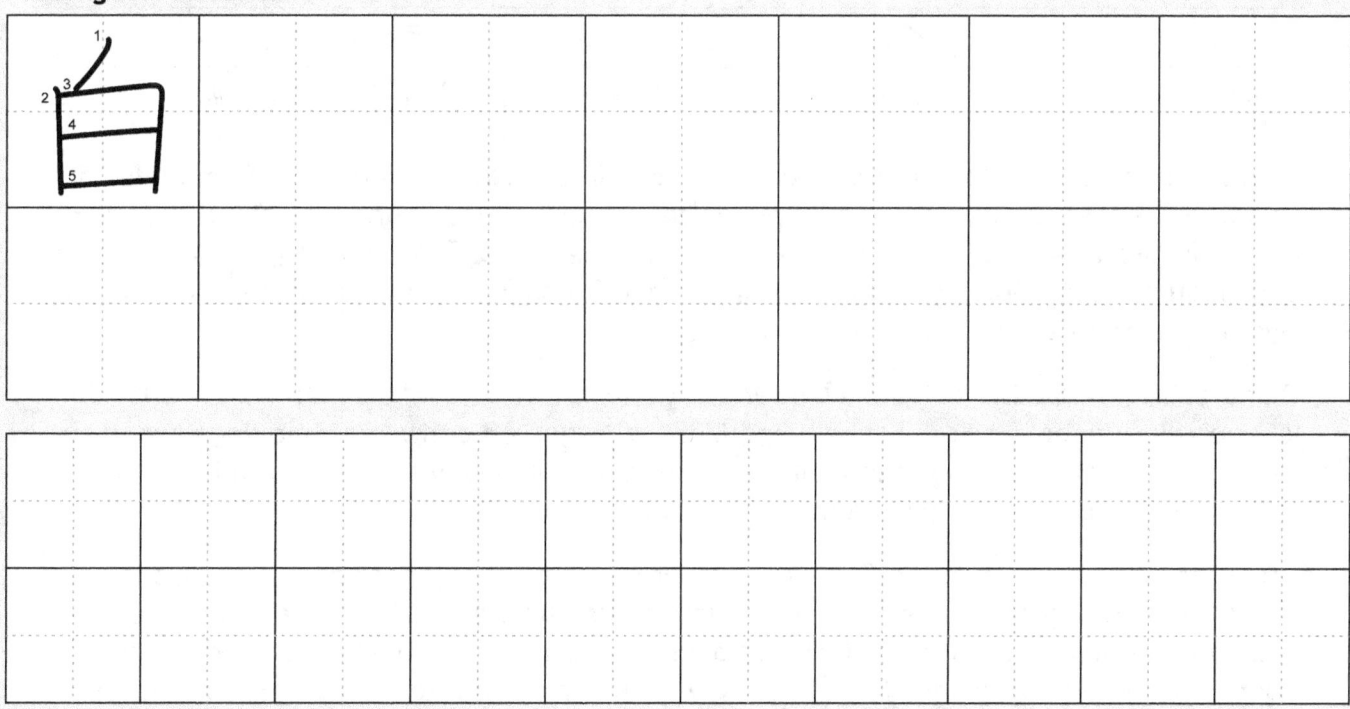

JLPT N5

Farbvokabular

Diese Wörter gehören zum Grundwortschatz, den Anfänger in allen neuen Fremdsprachen lernen. Da sie zwar Substantive sind, aber auch beschreibend sein können, war es sinnvoll, sie in den Abschnitt der Kanji-Adjektive aufzunehmen. Farben haben auch zusätzliche Bedeutungen oder Assoziationen, die in der japanischen Kultur wichtig sind.

Rot, Blau, Schwarz und Weiß gelten als die vier "traditionellen" Farben Japans. Da sie in einigen der frühesten historischen Texte vorkommen, glauben einige, dass ihre Kanji eher allgemeine visuelle Konzepte als spezifische Farben darstellen, wie es heute der Fall ist: 黒 dunkel *(schwarz)*, 白 hell *(weiß)*, 赤 klar *(rot)*, und 青 vage *(blau)*.

Für jede Farbe gibt es ein anderes Kanji-Vokabular zu lernen, aber sie sind leicht zu erkennen. Viele Farbwörter enden auf -色 (いろ, oder *'iro'*), was "*Farbe, Farbton, Tönung* oder *Schattierung*" bedeutet.

Farbe	Kanji Name	Aussprache		Alternative (Lehnwort)	
Rot	赤	あか	aka	レッド	reddo
Gelb	黄色	きいろ	kīro	イエロー	iero-
Rosa	桃色	ももいろ	momoiro	ピンク	pinku
Grün	緑	みどり	midori	グリーン	guri-n
Orange	橙色	だいだいいろ	daidai iro	オレンジ	orenji
Lila	紫	むらさき	murasaki	パープル	pa-puru
Blau	青	あお	ao	ブルー	buru-
Braun	茶色	ちゃいろ	chairo	ブラウン	buraun
Schwarz	黒	くろ	kuro	ブラック	burakku
Weiß	白	しろ	shiro	ホワイト	howaito

赤 *(red)* ist eine beliebte Farbe in Japan und wird in der Nationalflagge als Symbol für die Sonne verwendet. Die Farbe wird mit Spiritualität, Religion, Frieden und Wohlstand assoziiert. Die Torii-Tore an Shinto-Schreinen, auf Japanisch 鳥居 *(*とりい */ torii)* genannt, sind in einem leuchtenden Rot gestrichen, das 赤丹 *(*あかに */ akani)* genannt wird, da Rot auch ein Symbol für Schutz, Macht und Stärke ist.

Samurai trugen traditionell dunkle Gewänder, daher gilt 黒 *(black)* als männliche Farbe. Sie ist auch ein Symbol für Förmlichkeit, und Männer tragen oft schwarze Smokings, wenn sie heiraten. Es gibt eine Assoziation mit Tod und Trauer, aber diese ist jüngeren Datums und wurde von Kulturen außerhalb Japans beeinflusst.

Ursprünglich war 白 *(weiß)* die Farbe der Trauer und gilt in der japanischen Gesellschaft als heilige und gesegnete Farbe. Früher wurden weiße Kleidungsstücke nur von denjenigen getragen, die an Beerdigungen teilnahmen oder von Samurai, die rituelles Seppuku vollzogen, aber aufgrund des westlichen Einflusses ist es heute in der Freizeitkleidung recht verbreitet. Weiß ist ein Symbol für Frieden, Wahrheit, Reinheit und Sauberkeit.

青 war früher das Kanji, mit dem sowohl blaue als auch grüne Farben beschrieben wurden. Das separate Kanji 緑 *(grün)* war bis Mitte des 19. Jahrhunderts nicht weit verbreitet, was erklärt, warum viele Wörter des Alltagswortschatzes für grüne Dinge immer noch das blaue Kanji 青 enthalten. Das Wort 青信号 (あおしんごう) bedeutet zum Beispiel "grüne Ampel", wird aber wörtlich mit "blaue Ampel" übersetzt.

Blau symbolisiert in der Regel Ruhe oder Stabilität und gilt als feminin. Die Farbe wird mit dem einfachen Volk und Bescheidenheit assoziiert, da die Materialien, aus denen die Kleidungsfarbe Indigo hergestellt wird, allgegenwärtig waren. Blau gilt auch als Glücksfarbe, ist sehr mystisch und wird seit jeher mit dem Königtum in Verbindung gebracht.

Die Kanji-Farben in der Tabelle *(links)* sind nicht automatisch Adjektive. Sie werden durch Hinzufügen von Zeichen oder Grammatik zu beschreibenden Wörtern - genau wie 白い *auf der vorherigen Seite.*

Für die vier traditionellen Farben gibt es adjektivische Formen, die durch einfaches Hinzufügen des Kana い *(i)* nach dem Kanji gebildet werden:

(赤 + い) + 車 = 赤い車
rotes Auto
(akai kuruma)

Kanji-Farben, die auf -色 (いろ / *iro*) enden, funktionieren ähnlich, nur dass das Kana い *(i)* nach dem 色 (nicht dem Farbwort) verwendet werden muss:

(黄色 + い) + 車 = 黄色い車
gelbes Auto
(kīroi kuruma)

Alle anderen Kanji-Farben können ein Objekt mit dem **Partikel*** の verwendet, wobei die gleiche einfache Formel angewandt wird, um das Farbwort mit dem Objekt zu verbinden, das es beschreibt:

(緑 + の) + 車 = 緑の車
grünes Auto
(midori no kuruma)

[Kanji Farbe] + の + **[Ding]**

Die Formel kann auf die ersten beiden Arten von Farbwörtern (siehe oben) angewandt werden und hat den gleichen Gesamteffekt. Bei Verwendung des Partikels の ist es jedoch nicht notwendig, das Kana い *(i)* hinzuzufügen.

(赤 + の) + 車 = 赤の車
rotes Auto
(aka no kuruma)

Diese Beispiele haben die gleiche Bedeutung wie die ersten beiden, verwenden aber stattdessen den Partikel の *:*

(黄色 + の) + 車 = 黄色の車
gelbes Auto
(kīro no kuruma)

Sie können die Farbe eines Objekts auch mit einem besser strukturierten Satz beschreiben. Um zu sagen *"[das Auto] ist [rot]"*, wäre es この車は赤です。*("ko no kuruma wa aka desu")*. Es gibt viele Möglichkeiten, die gleiche Bedeutung zu vermitteln, je nach Kontext.

*Partikel werden im Grammatikteil des Buches viel ausführlicher behandelt.

Hier sind einige weitere relativ gebräuchliche Farbwörter, die nützlich sein könnten, um sie zu kennen:

Color	Kanji Name	Aussprache	Alternative (Lehnwort)
Hell-/Himmelblau	水色	みずいろ — mizuiro	
Marineblau	紺青	こんじょう — konjō	
Indigoblau	藍	あい — ai	インディゴブルー — indigoburū
Smaragdgrün	碧色	へきしょく — hekiiro	
Teal / Türkis	鴨の羽色	かものはいろ — kamonohairo	ターコイズ — ta-koizu
Pfirsich / Hautfarbe	肌色	はだいろ — hadairo	
Grau	灰色	はいいろ — haiiro	グレー — gure-
Reines Weiß	真白	まっしろ — mashiro	
Pechschwarz	真黒	まっくろ — makkuro	
Bronze	青銅色	せいどういろ — seidou iro	
Silber	銀色	ぎんいろ — kiniro	シルバー — shiruba-
Gold	金色	きんいろ — giniro	ゴールド — go-rudo
Regenbogen	虹色	にじいろ — nijiiro	

Um diese Gruppe zu vervollständigen, einige weniger häufig verwendete Begriffe im Zusammenhang mit dem Farbvokabular:

Color	Kanji Name	Aussprache	Alternative (Lehnwort)
Buntes	色鮮やか	いろあざやか — iro azayaka	カラフル — karafuru
Hell	明るい	あかるい — akarui	
Blass / Hell	淡い	あわい — awai	
Lebhaft / Lebhaft	鮮やか	あざやか — azayaka	
Hell/schwach	薄い	うすい — usui	
Tiefe/dunkle Farbe	濃い	こい — koi	
Transparent	透明	とうめい — tōmei	
Farblos	無色	むしょく — mushoku	
Milchig Weiß / Opal	乳白色	にゅうはくしょく — nyūhakushoku	オパール — opa-ru
Schillernd	玉虫色	たむしいろ — tamamushiiro	
Holografisch	-	- — horogurafikku	ホログラフィック

Revision: Adjektive

F.71 Welches dieser Kanji bedeutet **"teuer"**?

A. 高 B. 買 C. 食 D. 長 E. 言

F.72 Welches dieser Kanji bedeutet **"billig"**?

A. 安 B. 九 C. 気 D. 万 E. 女

F.73 Welches dieser Kanji bedeutet **"weiß"**?

A. 百 B. 目 C. 耳 D. 日 E. 白

F.74 Welches dieser Kanji bedeutet **"groß"**?

A. 人 B. 小 C. 少 D. 大 E. 八

F.75 Welches dieser Kanji bedeutet **"klein"**?

A. 八 B. 小 C. 六 D. 大 E. 木

F.76 Welches dieser Kanji bedeutet **"viele"**?

A. 右 B. 名 C. 多 D. 外 E. 女

F.77 Welches dieser Kanji bedeutet **"alt"**?

A. 中 B. 古 C. 土 D. 生 E. 中

F.78 Welches dieser Kanji bedeutet **"neu"**?

A. 休 B. 社 C. 新 D. 校 E. 後

F.79 Welches dieser Kanji bedeutet **"wenige"**?

A. 右 B. 小 C. 名 D. 女 E. 少

////////////////////////////////////// **TEIL 4**

Verwendung der japanischen Sprache

Nachdem Sie die Kana auswendig gelernt und Ihr Wissen über die Kanji-Zeichen und den Wortschatz aufgebaut haben, geht es nun darum, zu verstehen, wie die japanische Grammatik funktioniert. Der Inhalt dieses Kapitels ist fortgeschrittener als die vorherigen, aber die Konzepte sollten leicht zu verstehen sein, wenn Sie es bis hierher geschafft haben.

Machen Sie sich keine Sorgen, wenn Sie noch dabei sind, Ihren Kanji-Wortschatz zu erweitern - diese Informationen werden jedem helfen, der mit dem Lesen von Japanisch beginnen will, und vieles davon kann sofort angewendet werden. Lernende aller Niveaus werden von einem besseren Verständnis dafür profitieren, wie Kana und Kanji zu tatsächlichen japanischen Sätzen und Texten werden.

Wir sehen uns an, wie die verschiedenen Schriftzeichen zusammengesetzt sind, entdecken Partikel und ihre Rolle bei der Strukturierung von Sätzen, lernen hilfreiche grammatikalische Muster kennen, die leicht anzuwenden sind, wie man verschiedene Verbformen konjugiert und auch, wie man die Sprache an mehr oder weniger formale Situationen anpasst - *und vieles mehr!*

Grammatik ist nie das aufregendste Fach, und in dieser Phase des Lernprozesses können sich Ihre Fortschritte natürlich verlangsamen. Sie werden eine Menge neuer Informationen aufnehmen müssen - wenn Sie etwas davon überwältigend finden, machen Sie eine Pause und kommen Sie wieder. Es kann sinnvoll sein, zwischen den folgenden Themen einige der früheren Kana-Übungen zu wiederholen oder neue Kanji zu lernen.

Die Sprache des Respekts

Die japanische Kultur ist geprägt von Respekt, Achtsamkeit und Höflichkeit, die alle als teinei bezeichnet werden und den Sprachgebrauch beeinflussen. Da Hierarchie und Status für den Alltag im modernen Japan von wesentlicher Bedeutung sind, gibt es einen verbindlichen Verhaltenskodex, der vorschreibt, wie man Menschen unterschiedlichen Ranges anspricht und mit ihnen spricht. "Respektvolles Sprechen" zeichnet sich durch zwei Arten des Ausdrucks aus: man erhebt und spricht hoch über Menschen, die nicht zum eigenen Kreis gehören oder über der eigenen Position stehen, und man drückt Bescheidenheit aus, indem man in einer bescheidenen und demütigen Weise kommuniziert.

Wer Japanisch lesen, schreiben und sprechen lernt, muss auch das umfangreiche System der Höflichkeitssprache 敬語 *(Keigo)* verstehen. Um Respekt und Höflichkeit zu zeigen, muss man Menschen mit der korrekten Höflichkeitsanrede (oder "EhrenTitel") ansprechen und auch eine "Höflichkeitssprache" verwenden, die der Förmlichkeit der Situation angemessen ist.

Während wir im Deutschen verschiedene Ebenen der Anrede haben, wie "Du" und "Sie", ist das japanische System der "Höflichkeitssprache" weitaus umfangreicher und komplexer. Es umfasst eigene Grammatikregeln und einen eigenen Wortschatz, Etikette und Umgangsformen sowie viele verschiedene Anreden. Die folgenden Seiten können Sie vor versehentlichen Unhöflichkeiten oder potenziell unangenehmen Gesprächen bewahren.

Japanischen Anreden

Ehrentitel werden im Japanischen als 敬称 (けいしょう) oder Keisho bezeichnet und sind besonders charakteristisch für die respektvolle Sprache Japans. Wir respektieren die Person, die wir ansprechen, indem wir kleine Wörter wie -san, -chan oder -sama an das Ende des Familiennamens einer Person anhängen (z. B. Suzuki-sama). Japaner können es stattdessen aus Respekt an den Vornamen eines Ausländers anhängen, da sie diesen normalerweise verwenden würden (z. B. Chris-san).

Welches Ehrensuffix richtig ist, hängt von der Umgebung, Ihrem sozialen Rang und der Art Ihrer Beziehung zu dieser Person ab. Der Rang einer Person in der japanischen Hierarchie wird durch verschiedene Kriterien bestimmt, z. B. ihr Alter, ihren Beruf, ihr Arbeitsfeld und ihren allgemeinen sozialen Status. Weitere Faktoren, die sich auf die Wahl des Ehrentitels auswirken, sind die Herkunft, die Bildung und sogar das Geschlecht.

Jemanden ohne Ehrentitel anzusprechen, würde einen sehr informellen Ton erzeugen, der darauf hindeutet, dass Ihre Beziehung intim oder sehr eng ist. Es ist daher wichtig, dass Sie wissen, was die einzelnen Ehrentitel bedeuten. Wenn Sie sich nicht sicher sind, welcher Titel geeignet ist, gibt es ein oder zwei relativ "sichere" Möglichkeiten.

Es gibt eine strikte Regel, die Sie befolgen sollten: **Sie sollten niemals einen Ehrentitel verwenden, wenn Sie sich vorstellen.**

Zu den häufigsten Ehrentiteln gehören:

San さん	Ein neutraler Begriff, gleichwertig mit Herr oder Frau, der normalerweise verwendet wird, um Erwachsene mit gleichem Rang/Status anzusprechen. Er ist vielseitig genug für formelle und informelle Ansprachen und ist eine sichere Option, wenn Sie sich nicht sicher sind, welche andere Anrede die richtige ist. Es gilt auch für Haustiere, Sachen, Firmennamen usw.
Sama 様 さま	Der förmlichste Ehrentitel und eine formale Version von "-san" für die Anrede von Vorgesetzten, höher gestellten Personen oder anderen Personen, die Ihren Respekt verdienen. Entspricht Sir oder Madam und eignet sich für die Anrede von Kunden oder Gästen. Zeigt Respekt vor Älteren und auch vor Göttern.
Kun 君 くん	Eine männliche Anrede, die verwendet wird, um junge Männer, Jungen und männliche Freunde anzusprechen. Wird im Allgemeinen auch verwendet, wenn man mit Personen spricht, die einen relativ niedrigen Status haben, mit jüngeren Menschen und wenn das Niveau der höflichen Sprache niedriger ist. Kann bei der Arbeit verwendet werden, um jemanden anzusprechen, der nach Ihnen angefangen hat.
Chan ちゃん	Ein niedlicher Titel, der sich auf kleine Kinder, insbesondere Mädchen, bezieht. Man kann ihn generell für jemanden oder etwas verwenden, das man "süß" findet. Es wird auch für enge Freunde oder jemanden, mit dem man eng befreundet ist, verwendet - vor allem Männer verwenden es für Frauen.
Senpai 先輩 せんぱい	Verwenden Sie diesen Ehrentitel, wenn Sie einen älteren Kollegen oder Mitarbeiter im Büro oder in der Schule ansprechen. An der Universität würde ein Studienanfänger zum Beispiel Senpai verwenden, um einen Studenten im zweiten Studienjahr auf diese Weise anzusprechen. Im Allgemeinen wird diese Anrede für jemanden verwendet, der einen ähnlichen sozialen Rang hat und auch erfahrener ist als Sie.
Sensei 先生 せんせい	Möglicherweise ist es denjenigen bekannt, die Fernsehen oder Filme mit japanischer Thematik sehen. Dieser Ehrentitel eignet sich für Autoritätspersonen oder Personen, die Experten auf ihrem Gebiet sind. Es kann allein verwendet werden und wird häufig für Lehrer, Ärzte, Anwälte, Wissenschaftler, Schriftsteller, Politiker usw. verwendet.
N/A よびすて	*Yobisute* ist der Begriff für den absichtlichen Verzicht auf die Verwendung von Ehrentiteln und könnte mit der Anrede beim Vornamen im Westen verglichen werden. Es ist normalerweise engen Freunden oder der Familie vorbehalten oder Situationen, in denen die andere Partei ausdrücklich darum bittet. Andernfalls kann es als unhöflich und informell angesehen werden.

Einige andere, weniger gebräuchliche Ehrentitel sind spezielle Titel im geschäftlichen Umfeld, wie *Buchou* (部長 / ぶちょう) für die Anrede des Chefs oder Managers bei der Arbeit, und auch *Shachou* (部長 / ぶちょう) für Firmenpräsidenten oder Geschäftsführer. Noch seltener ist *Shi* (氏, し), das sich in formellen Schreiben, Zeitschriften und Nachrichten an einen Leser richtet.

Ehrensprache

In der "Höflichkeitssprache" 敬語 (Keigo) gibt es mehrere Ebenen der respektvollen Anrede, um bei der Ansprache von Personen außerhalb des eigenen Kreises ein höheres Maß an Respekt zu zeigen. Jede hat ihre eigenen Regeln und grammatikalischen Eigenheiten, wie z. B. alternative Wortformen und Endungen, die das Thema für Anfänger sehr komplex machen. Es ist jedoch nützlich zu verstehen, was die einzelnen Stufen sind und wie sie verwendet werden.

In Keigo gibt es drei Hauptstufen der "Höflichkeitssprache":

- 丁寧語 (ていねいご), oder *Teineigo*, ist die höfliche Form des Japanischen, die die meisten Ausländer zuerst lernen. Sie eignet sich für Gespräche mit Personen, die Sie noch nicht kennen, und für Personen, die einen höheren Rang haben als Sie selbst, und ist daher die sicherste Variante, wenn Sie sich unsicher sind.

Teineigo ist durch Sätze gekennzeichnet, die auf "*-desu*" und "*-masu*" enden *(siehe S. 176)*. Im Gegensatz dazu wird in der Umgangssprache die "Wörterbuchform" der Verben verwendet, und die Sätze enden oft auf だよ *(da yo)* oder einfach よ *(yo)*. Eine weitere Besonderheit ist die Verwendung der "Höflichkeitspräfixe" お〜 ("o-") und ご〜 ("go-"), auf die wir gleich noch näher eingehen werden.

- 尊敬語 (そんけいご), oder *Sonkeigo*, ist die Ebene der respektvollen japanischen Sprache, die üblicherweise in formellen und beruflichen Situationen verwendet wird. Es ist die am besten geeignete Höflichkeitssprache, um Personen höheren Ranges oder Personen in Machtpositionen anzusprechen und auch um Älteren Respekt zu erweisen. Sonkeigo wird auch häufig von Unternehmen und Angestellten im Umgang mit Kunden oder Gästen verwendet. Sie sollten es jedoch nie verwenden, wenn Sie von sich selbst sprechen.

Sonkeigo zeichnet sich durch besonders höfliche Sätze aus, die oft länger und komplizierter sind als üblich. Auch die Konjugation von Verben ist schwieriger, da es viele einzigartige Versionen von gängigen Wörtern gibt. Eine schnelle und einfache Formel, die normalerweise funktioniert, könnte lauten: [お〜 oder ご〜] + [Verbstamm] + になります *(ninarimasu)* aber realistischerweise müssten Sie jede der verschiedenen Versionen, die Ihnen begegnen, lernen und auswendig lernen.

- 謙譲語 (けんじょうご), oder *Kenjōgo*, ist die bescheidene Form der japanischen Sprache, die Sie verwenden können, wenn Sie über sich selbst oder Ihre Handlungen und möglicherweise auch über die der Menschen in Ihrem "inneren Kreis" sprechen. Es wäre am besten, wenn Sie diesen Sprachstil nicht verwenden, wenn Sie über Fremde oder Personen mit höherem sozialen Rang sprechen. Die bescheidene Sprache wird verwendet, um anderen zu helfen, sich zu entschuldigen und sich allgemein höflich auszudrücken.

Kenjōgo bietet auch viele verschiedene Verbformen und alternative Wörter für bestimmte Substantive. Anstatt sich selbst als 人 (ひと), oder *hito*, also Person, zu bezeichnen, sagt man zum Beispiel 者 (もの), oder *mono*.

Die elegante Sprache

Im Japanischen bedeutet 美化語 *(びかご / bikago)*, *"verschönerte Sprache"*. Es beschreibt, wie man bestimmte Wörter eleganter klingen lässt, um der eigenen Sprechweise ein Gefühl der Höflichkeit zu verleihen. Im Rahmen der "Höflichkeitssprache" fügen wir in der Regel die *"Höflichkeitspräfix"* 御 vor Begriffen ein, die für die Verwandten oder den Besitz der Person stehen, die wir ansprechen.

Diese Präfixe werden in der Regel in Kana geschrieben, da die Aussprache von dem Wort abhängt, dem sie vorausgehen. Normalerweise lautet die Vorsilbe お〜 *('o-')* für Kun'yomi-Vokabeln, und für On'yomi ist es ご〜 (*'go-'*). Es hat die gleiche Bedeutung wie *"Dein lieber [Bekannter]"* oder *"Ehrenwerter [Gegenstand]"*, aber es gibt keine gute direkte Übersetzung ins Deutsche.

Es gibt bestimmte Objekte, für die immer nur お〜, verwendet wird, wie z. B. お茶 (おちゃ) *"Tee"* oder お金 (おかね) *"Geld"*, aber diese Dinge lernt man mit der Zeit. Kümmern Sie sich nicht zu sehr um die Verwendung von Höflichkeitsvorsilben, bis Sie Japanisch auf einem guten Konversationsniveau sprechen können. Mit der Zeit werden Sie in der Lage sein, solche Verschönerungen zu verwenden, um sich höflich auszudrücken und wahrscheinlich Ihre Gesprächspartner zu beeindrucken.

Hier sind einige Beispiele für die Art von Wörtern, denen Sie mit dem *"Höflichkeitspräfix"* begegnen könnten:

	Informelles			Höflich		
Mutter	母	はは	haha	お母さん	おかあさん	okaasan
Vater	父	ちち	chichi	お父さん	おとうさん	otousan
freier Tag	休み	やすみ	yasumi	お休み	おやすみ	oyasumi
Name	名前	なまえ	namae	お名前	おなまえ	onamae
Tee	茶	ちゃ	cha	お茶	おちゃ	ocha

Wir fügen お〜 zu muttersprachlichen japanischen Wörtern mit Kun-Lesungen hinzu. Viele dieser Wörter sind in der Regel einzelne Kanji-Vokabeln, aber sie können auch von Hiragana begleitet werden. Wir verwenden お〜 oft bei Begriffen für Menschen und Verwandte.

	Informelles			Höflich		
Leitfaden	案内	あんない	annai	ご案内	ごあんない	goannai
Stimmung	期限	きげん	kigen	ご機嫌	ごきげん	gokigen
Ehemann	主人	しゅじん	shujin	ご主人	ごしゅじん	goshujin
Plan	計画	けいかく	keikaku	ご計画	ごけいかく	gokeikaku
Frage	質問	しつもん	shitsumon	ご質問	ごしつもん	goshitsumon

ご〜 wird in der Regel an chinesisch-japanische Wörter angehängt, die eine On-Lesung aufweisen.

Grundlegende Grammatik

Um Ihre neu erworbenen Japanischkenntnisse sinnvoll nutzen zu können, müssen Sie sich zunächst mit einigen Regeln der Grammatik vertraut machen.

Es ist ein umfangreiches Thema, das man ausführlich behandeln muss, und es gibt bereits viele andere, detailliertere Leitfäden, aber ich finde, dass sie für Anfänger langatmig und überwältigend sein können. Die Idee dieses Buches ist es, das Erlernen der japanischen Sprache zu erleichtern, und so finden Sie in diesem Teil des Buches eine schrittweise Anleitung zu den nützlichsten und grundlegenden Themen. Es sind alles sehr praktische Informationen, die leicht zu verstehen und anzuwenden sind!

So wie das Alphabet mit ein wenig Hintergrundwissen leichter zu erlernen ist, werden es auch die Grammatikregeln im Japanischen sein.

Satzstruktur

Zunächst einmal ist es wichtig, darauf hinzuweisen, dass japanische Sätze im Allgemeinen anders aufgebaut sind als deutsche. Wenn wir die beiden Sprachen vergleichen, sehen wir die folgenden Muster:

Deutsche Wortstellung = **S V O** / Subjekt > **Verb** > Objekt   (z.B. "Ich esse Orangen")
Japanische Wortstellung = **S O V** / Subjekt > Objekt > **Verb**   (z.B. "Ich Orangen esse")

Die spezifische Wortstellung in unserer Sprache sagt uns, **wer** *(das Subjekt)* **was tut** *(ein Verb)* und **womit** *(das Objekt)*. Mit anderen Worten: Eine feste Wortfolge ist für die Bedeutung wichtig.

Das Japanische ist weniger starr, und die Reihenfolge, in der wir Wörter schreiben, hat weniger Einfluss auf die Gesamtbedeutung. *Mit Ausnahme der Verben* ist die Reihenfolge der anderen Wörter flexibel, und die Sätze werden stattdessen mit **"Partikeln"** strukturiert. Einfach ausgedrückt, sind Partikel nur Markierungen, die uns sagen, wie ein Wort mit einem anderen zusammenhängt - und insbesondere mit Verben.

In diesem Beispiel ist das "direkte Objekt" *(Orangen)* mit を markiert und hätte unabhängig vom Ort die gleiche Bedeutung. Partikel folgen einem Wort, um uns mitzuteilen, was dieses Wort tut - das Wort kann sich mit seinem Partikel bewegen, während es seine Funktion behält.

Auch wenn japanische Sätze in der Regel dem SOV-Muster folgen, *ist es wichtig zu verstehen, dass* **die Partikel die Bedeutung bestimmen, nicht die Wortstellung.**

Da *"Regeln"* Anfängern das Leben erleichtern und die japanische Satzstruktur flexibel ist, müssen Sie sich nur merken, **dass Verben immer am Ende eines Satzes stehen.**

Einführung in die Verben

• **Im Japanischen gibt es keine Zukunftsform.** Es gibt jedoch eine grundlegende Vergangenheitsform *(z. B. essen, "ich habe gegessen")* und eine *"nicht vergangene"* Form *(z. B. essen, "ich esse")*. Die "nicht vergangene" Zeitform ist im Grunde die "Gegenwartsform", hat aber diesen alternativen Namen, weil wir diese Version eines Wortes auch verwenden, um ein Äquivalent zur Zukunftsform zu schaffen.

Wir können einen Satz dazu zwingen, das Präsens oder das Futur zu vermitteln, indem wir andere Interpretationen ausschließen. Dies geschieht durch die Angabe eines Zeitrahmens, durch das Hinzufügen von Wörtern, die sich auf die Gegenwart oder Zukunft beziehen *(z. B. jetzt, morgen, nächstes Jahr usw.)*, durch die Verwendung von Kontext oder einfach durch Ausdrücke, die sich auf die Zukunft beziehen.

Hier wurde durch das Hinzufügen eines zeitbezogenen Wortes ein Satz gebildet, den wir nur als etwas interpretieren können, das geschehen wird. Mit anderen Worten, die zukünftige Zeitform wurde impliziert, und keine andere Bedeutung, ob Vergangenheit oder Gegenwart, wird daraus abgeleitet:

Hinweis: Das Verb 食べる *(taberu) hat die gleiche "nicht vergangene" Form wie das Beispiel im Präsens auf der vorherigen Seite.*

• **Japanische Verben ändern sich nicht für verschiedene Personen, die diese Handlung ausführen.** Diese alternativen Verbformen sind in Sprachen wie Französisch, Spanisch oder Italienisch häufiger anzutreffen, wo die Wörter variieren, je nachdem, wer die Tätigkeit "ausführt" *(z. B. "Parlo", italienisch für "ich spreche", wird zu "Parla" für "er spricht" oder "Parlano" für "sie sprechen" usw.)*. Auf Japanisch einfach: 話す (はな).

• **Japanische Wörter sind nicht geschlechtsspezifisch unterteilt** wie in anderen Fremdsprachen, was bedeutet, dass man sich weniger merken oder lernen muss. Im Französischen zum Beispiel werden feminine und maskuline Wörter mit unterschiedlichen Wortformen für *"die"* oder *"ein"* bezeichnet - z. B. *"la/une chat"* (*"die/eine Katze"*, *feminin*) oder *"le/un chien"* (*"der/ein Hund"*, *maskulin*). Sie müssen sich einprägen, welches Geschlecht jedes Wort hat und welche Regeln/Wörter gelten.

Obwohl es nicht ganz dasselbe ist, können Männer und Frauen hier und da unterschiedliche Versionen desselben Wortes verwenden: Am häufigsten ist das Wort *"cool"*, das Frauen mit すごいね *(sugoi ne)* aussprechen, während Männer es oft zu すげー *(suge-)* verkürzen. Die kurze Version kann bei der Aussprache männlicher klingen.

• **Wir verwenden dieselben Wörter für Singular und Plural.** Egal, ob wir über 1 *"Orange"* oder 2 *"Orangen"* sprechen, es heißt immer オレンジ *(orenji)*. Es gibt also keine Unregelmäßigkeiten, die man sich merken muss, und man muss auch nicht erklären, warum man an *"Orange"* ein *"n"* anhängt, aber *"Maus"* zu *"Mäuse"* wird. Im Japanischen ist es dasselbe Wort, ob es eine, zwei oder 20 Mäuse gibt *(鼠/ねずみ/nezumi)*. Wenn die Anzahl der Substantive wichtig ist, fügen wir eine Zahl oder einen Kontext hinzu.

Masu & Desu, für Höflichkeit

Jede Stufe der Höflichkeitssprache hat ihre eigenen entsprechenden Wortformen. Die **höfliche, förmliche Variante sollte Ihre Standardwahl sein**, wenn Sie mit einem Fremden oder einer Person höheren Ranges sprechen *(siehe Ehrentitel, Seite 171)*.

Teineigo 丁寧語（ていねいご）kann in Gesprächen mit praktisch jedem verwendet werden, ohne dass die Gefahr besteht, versehentlich respektlos oder unhöflich zu sein. Es ist nicht allzu schwierig, die normale Umgangssprache an die Höflichkeitssprache anzupassen - **Im Wesentlichen müssen Sie Ihre Sätze mit** *"-masu" und "desu" enden.*

Wenn Sätze mit einem Verb enden, sollte das Verb die **"masu-Form"** annehmen. Um dies zu erreichen, müssen wir zunächst den Verbstamm finden, indem wir alle vorhandenen grammatikalischen Suffixe entfernen. Das ist nicht so kompliziert, wie es klingt! Schauen wir es uns an:

In Wörterbüchern werden Verben mit einer schlichten Endung im Präsens aufgeführt *(Wörterbuchform)*. Wir extrahieren den Stamm *(oder die Wurzel)* aus diesem Wort, bevor wir das Suffix -masu" -ます hinzufügen.

- Bei allen Verben, die auf る *("ru")* enden, lässt man einfach das "る" weg und fügt ます *("-masu")* hinzu:

* '-ru'-Verben werden als "Ichidan"-Verben bezeichnet

- Bei Verben, die mit anderen *"-u"*-Lauten enden, d.h. Zeichen aus der Reihe う in den Hiragana-Tabellen *(u, ku, gu, tsu, mu usw.)*, ist es etwas anders.

Zunächst wird das Zeichen mit dem *"-u"*-Laut in den entsprechenden *"-i"*-Laut umgewandelt *(ku=ki, gu=gi, su=shi usw.)*, und dann kann man ます *("-masu")* an das Ende anhängen:

** '-u'-Verben werden als "Godan"-Verben bezeichnet.

- Es gibt zwei *unregelmäßige Verben*, する *(suru)* und 来る *(kuru)*, die wieder auf eine etwas andere Weise funktionieren.

Beide enden mit einem る *("ru")*, das man wie im ersten Beispiel durch die Endung "-masu" ersetzt, aber beide **beginnen** mit einem *"-u"*-Laut. Der Anfangslaut *"-u"* wird durch das Gegenstück *"-i"* ersetzt: す wird zu し, und く wird zu き:

Übrigens haben Sie soeben gelernt, wie man einen Verbstamm findet, der oft als **"masu-Stamm"** bezeichnet wird und mit dem man viele andere grammatikalische Formen konjugieren kann!

Verben, ihre Kategorien und Verbkonjugationen werden auf den nächsten Seiten behandelt.

Die informelle Sprache ist einfach, da die einfache *"Wörterbuch"-Form* nicht für das Präsens geändert werden muss. Für die Umgangssprache können Sie die regulären "-ru"- und "-u"-Versionen eines Verbs verwenden: **食べる** (**たべる**) *taberu*, "essen", **飲む** (**のむ**) *nomu*, "trinken", und so weiter.

Der zweite Aspekt der Höflichkeitssprache ist die Verwendung von **です** oder *"desu"*. Die ***schnelle und einfache "Regel"*** lautet: **"desu" an das Ende von Sätzen anhängen, die nicht auf "-ru" oder "-u" enden** *(da sie sonst auf "-masu" enden würden)*.

Die wichtigste Funktion der Endung **です** *(desu)* ist es, Höflichkeit zu signalisieren, perfekt für die Höflichkeitssprache.

Um die Dinge einfach zu halten, kann **です** *(desu)* einfach an das Ende Ihres Satzes angehängt werden, ohne die Bedeutung zu verändern, es sei denn, er endet bereits mit einem Verb - dann muss er in *"-masu"* **ます** umgewandelt werden *(siehe linke Seite)*.

Allerdings hat "desu" auch andere Verwendungen. **です** *(desu)* bedeutet normalerweise *"ist"*, *"es ist"* oder *"sein"* und ist ein Verb an und für sich. Es wird oft als das höfliche Präsens von **だ** *(da)* übersetzt, aber technisch gesehen sind beide eine Art "Verbindungswort", genannt Kopula.

Eine Kopula bringt das Subjekt eines Satzes und seine Beschreibung zusammen - "Orangen *sind* Früchte" oder "das Meer *ist* blau". Sie sind fast eine Art Suffix, das ein anderes Wort als Verb fungieren lässt. Wir verwenden *"desu"*, da dies bereits die höfliche Form ist:

です *(desu)* ist ein nützliches Wort, das man kennen sollte, wenn man seine ersten Sätze schreibt. Es zeigt, dass [eine Sache] gleich [eine andere Sache] ist, dass A = B ist, oder dass etwas etwas *"ist"*:

です kann auch die Eigenschaften von etwas oder jemandem hervorheben, Identität zeigen oder einen bestimmten Zustand beschreiben (Seinszustand):

Anmerkung: **は** *(wa) ist eine Partikel, die Substantive als Thema des Satzes markiert [A], ohne jedoch diesen Teil als wichtige Information zu betonen. Es bedeutet nicht "=" oder "gleich".*

Die Innen und die Außen

Wenn Sie das einzigartige japanische Konzept von **Uchi und Soto** verstehen, werden Sie lernen, wann und warum Sie höfliche Sprache und Anrede verwenden sollten. Im Japanischen bedeutet 内 (うち), oder *Uchi*, "innen", und 外 (そと), oder *Soto*, bedeutet "außen". Dieses Wortpaar spielt in vielen Bereichen des täglichen Lebens eine grundlegende Rolle. Der Kerngedanke besteht darin, die Dinge zwischen Uchi, das auch als *"Zuhause"* oder *"Haus"* übersetzt wird, und Soto, dem *"Draußen"*, zu trennen, insbesondere bei Menschen und sozialen Interaktionen.

Auf einer grundlegenden Ebene ist die Art und Weise, wie wir unsere Schuhe ausziehen, bevor wir das Haus betreten, ein hervorragendes Beispiel für **Uchi und Soto** in der Praxis. Ihre Schuhe im Freien gelten als Soto und werden daher nur im Freien getragen, während Ihre Hausschuhe als Uchi gelten. Das Tragen von Außenschuhen in einem Haus würde als respektlos angesehen werden. Ähnliche Prinzipien gelten für Menschen, und Bekannte werden in zwei verschiedene Gruppen eingeteilt und unterschiedlich behandelt - Ihre *"In-Gruppe"* und die *"Out-Gruppe"*. Verhalten und Sprache unterscheiden sich in der Gesellschaft von Menschen aus beiden Gruppen.

Ihre *"In-Gruppe"* oder Ihr *"innerer Zirkel"* besteht in der Regel aus den Menschen, mit denen Sie sich selbst am wohlsten fühlen - "die eigene Zugehörigkeitsgruppe". Zu dieser Gruppe gehören in der Regel Ihre engsten Freunde und Ihre Familie, aber auch die Kollegen in Ihrem Team bei der Arbeit. Mitarbeiter außerhalb Ihres Teams würden nicht zu Ihrem Uchi gehören. Die Höflichkeitssprache, *Keigo*, sind in der Regel nicht erforderlich, wenn Sie mit Personen aus dem Uchi sprechen, da Sie eine solide und vertraute Beziehung zu diesen Menschen haben. Wenn du dies tust, könnte es sehr unangenehm werden, als ob du absichtlich eine Distanz zwischen euch schaffen würdest.

Die *"Out-Gruppe"* oder *Soto* ist das Gegenteil und umfasst alle Personen, die *"außerhalb"* Ihres unmittelbaren Bekanntenkreises stehen. Du kannst mit den Menschen in dieser Gruppe einigermaßen vertraut sein, aber es sind keine Menschen, mit denen du dein wahres Ich zeigen kannst - so wie du es unter deinen Uchi tun würdest. In diese Gruppe gehören die Ranghöheren - Ihre Ältesten, Ihre Vorgesetzten bei der Arbeit und generell alle, die einen höheren Status oder mehr Autorität als Sie haben. Soto-Leute sollten mit Respekt und Höflichkeit behandelt werden, und Sie sollten mit einem angemessenen Niveau an "Höflichkeitssprache" mit ihnen sprechen.

Sie sollten immer eine respektvolle Sprachebene beibehalten, wenn Sie mit jemandem aus Ihrer *Soto* sprechen, und bescheiden von sich selbst und Ihrer *Uchi* sprechen - Bezeichnen Sie Ihre *Uchi* nicht mit Ehrentiteln *(z.B. -sensei, -san usw.)* wenn Sie mit *Soto*-Leuten sprechen.

Ein interessanter Unterschied zwischen Gesprächen mit Ihrem Uchi oder Soto ist die Praxis von *"Honne"* und *"Tatemae"*. Kurz gesagt, 本音 (ほんね), oder *Honne*, ist der Ausdruck der eigenen wahren Gefühle unter Ihren Uchi, wie eine Meinung sein, die nicht den Erwartungen der Gesellschaft entspricht oder die von jemandem in deiner Position erwartet wird. Im Gegensatz dazu ist Ihr 建前 (たてまえ), oder *Tatemae*, die angenehme Fassade, die Sie präsentieren, um Ihrem Soto zu entsprechen und sich anzupassen.

Verb-Kategorien

Die Konjugation von Verben im Japanischen ist nicht so komplex, wie es manchmal scheint. Ein gewisses Maß an Konsistenz bedeutet, dass wir normalerweise einige allgemeine Regeln anwenden können. Meistens nimmt man den *[Verbstamm]* und fügt die passende Endung für die Bedeutung hinzu, die das Verb haben soll. Wie bereits auf der Seite über *"-masu"* und *"desu"* kurz erwähnt, können japanische Verben in **drei Kategorien** eingeteilt werden, von denen jede angibt, wie das Verb konjugiert werden sollte:

1. *"-u"*-Verben - **Godan**-Verben, oder 五段動詞 (ごだんどうし) *godan-doushi*
2. *"-ru"*-Verben - **Ichidan**-Verben, oder 一段動詞 (いちだんどうし) *ichidan-doushi*
3. zwei **Unregelmäßige**-Verben, oder 不規則動詞 (ふきそくどうし) *fukisoku-doushi*

• *Godan*-Verben enden mit *"-u"*-Lauten - den Zeichen aus der う-Reihe in Hiragana-Tabellen. Der Name bedeutet übersetzt *"Verben der 5 Stufen"*, wobei 五 (go) *"fünf"* und 段 (dan) *"Stufe"* bedeutet, weil sich das *"-u"* am Ende dieser Verben bei der Konjugation in jeden der anderen Vokallaute verwandeln kann - was fünf Möglichkeiten oder *"Stufen"* bedeutet.

話す	hanasu	sprechen	聞く	kiku	hören
飲む	nomu	trinken	遊ぶ	asobu	spielen
死ぬ	shinu	sterben	買う	kau	kaufen

(Beispiele für Godan-Verben)

• *Ichidan*-Verben enden auf *"-ru"* る, genauer gesagt, auf *"-iru"* oder *"-eru"* *(in der Wörterbuchform)*. Ihr Name bedeutet übersetzt *"Verben der 1 Stufe"*, wobei 一 (ichi) *"eins"* bedeutet. Sie sind viel einfacher zu konjugieren, weil sie sich, wie ihr Name schon sagt, anders verhalten als die *Godan*-Verben. *Ichidan*-Verbenstämme bleiben bei nur einem Vokal, egal welche Endung verwendet wird.

Verben, die entweder auf [a/o/u] + る enden, werden als *Godan*-Verben kategorisiert, einschließlich bestimmter *"-iru"*- und *"eru"*-Verben. Die einzige Möglichkeit, um festzustellen, in welche Kategorie ein Verb fällt, ist, in einem Wörterbuch nachzuschlagen.

食べる	taberu	essen
見る	miru	sehen
出る	deru	verlassen
寝る	neru	schlafen
起きる	okiru	aufstehen/aufwachen
調べる	shiraberu	untersuchen

(Ichidan-Verben mit der Endung '-iru' & 'eru')

要る	iru	brauchen
切る	kiru	schneiden
知る	shiru	wissen
入る	hairu	eintreten
喋る	shaberu	plaudern
走る	hashiru	laufen

(Godan-Verben mit der Endung '-iru' & 'eru')

• Zu den **unregelmäßigen Verben** gehören nur die beiden bereits erwähnten Wörter する (suru) und 来る (kuru). Diese beiden Wörter sind weit verbreitet und werden daher ganz natürlich auswendig gelernt.

Häufige Konjugationen

Auf den folgenden Seiten finden Sie einen Überblick über die Regeln für die Konjugation der einzelnen Verbenkategorien. Sie müssen sie nicht sofort auswendig lernen und können immer wieder auf diesen Abschnitt zurückgreifen.

Die Konjugation von Verben mit der Höflichkeitsform "-masu" ist etwas einfacher, also beginnen wir mit dieser Kategorie. Die ersten Regeln für das Präsens kommen Ihnen vielleicht bekannt vor, da sie bereits auf den letzten Seiten erklärt wurden. Wie Sie sehen werden, gibt es einige Konsistenzgrade zwischen den verschiedenen Verbformen:

● Höfliches / Formales Präsens '-Masu' Form

Das höfliche Präsens "-masu" ist leicht zu bilden. Sie finden den Stamm und fügen einfach ~ます *(-masu)* an das Ende an:

Kategorie	Konjugations-Regel	Beispiel			
る -Verben	る entfernen, ~ます hinzufügen	食べる	*taberu*	食べます	*tabemasu*
う -Verben	う bis い-Reihe, ~ます hinzufügen	飲む	*nomu*	飲みます	*nomimasu*
Unregelmäßig	Stamm wird し	する	*suru*	します	*shimasu*
	Wortstamm ist *k-* (oder ki, oder ko)	来る	*kuru*	来ます	*kimasu*

Bei う-Verben, die mit Zeichen in der う-Reihe Ihrer Hiragana-Tabelle enden, ändern Sie alle う-Laute *(z.B. ku, mu, nu, etc.)* in ihr Gegenstück in der い-Reihe oder ihren entsprechenden "*i*"-Laut *(z.B. ki, mi, ni, etc.)*.

● Höfliche / Formale Vergangenheitsform '-Mashita' Form

Wir bilden die höfliche Vergangenheitsform auf ganz ähnliche Weise. Diesmal suchen wir den Verbstamm und fügen ~ました *(-mashita)* an das Ende an:

Kategorie	Konjugations-Regel	Beispiel			
る -Verben	る entfernen, ~ました hinzufügen	食べる	*taberu*	食べました	*tabemashita*
う -Verben	う bis い-Reihe, ~ました hinzufügen	飲む	*nomu*	飲みました	*nomimashita*
Unregelmäßig	Stamm wird し	する	*suru*	しました	*shimashita*
	Wortstamm ist *k-* (oder ki, oder ko)	来る	*kuru*	来ました	*kimashita*

● Höfliches / Formales Präsens (Negativ)　　　　　　　　　　　　　'-Masen' Form

Die Höflichkeitsform der negativen Verben im Präsens ist ebenfalls einfach. Man nimmt denselben *"-masu"-Stamm* und fügt stattdessen ~ません *(-masen)* an das Ende an:

Kategorie	*Konjugations-Regel*	*Beispiel*			
る -Verben	る entfernen, ~ません hinzufügen	食べる	*taberu*	食べません	*tabemasen*
う -Verben	う bis い-Reihe, ~ません hinzufügen	飲む	*nomu*	飲みません	*nomimasen*
Unregelmäßig	Stamm し, ~ません hinzufügen	する	*suru*	しません	*shimasen*
	Stamm 'k-', ~ません hinzufügen	来る	*kuru*	来ません	*kimasen*

● Höfliche / Formale Vergangenheitsform (Negativ)　　　　　　　　'-Masen Deshita' Form

Die Konjugation für die höfliche, negative Vergangenheitsform ist ähnlich wie oben, aber man fügt dieses Mal etwas mehr hinzu. Fügen Sie einfach ~せんでした *(-masen deshita)* an den *"-masu"-Stamm* an:

Kategorie	*Konjugations-Regel*	*Beispiel*	
る -Verben	る entfernen, ~ませんでした hinzufügen	食べませんでした	*tabemasen deshita*
う -Verben	う bis い-Reihe, ~ませんでした hinzufügen	飲みませんでした	*nomimasen deshita*
Unregelmäßig	Stamm し, ~ませんでした hinzufügen	しませんでした	*shimasen deshita*
	Stamm 'k-', ~ませんでした hinzufügen	来ませんでした	*kimasen deshita*

Diese Konjugation kombiniert die reguläre Vergangenheitsform des Verbs ("-masen") mit der negativen Konjugation von です *('desu,' was "sein" bedeutet).*

In den meisten Fällen lernen Anfänger automatisch nur die Höflichkeitssprache mit den höflichen "-masu"-Verbkonjugationen. Mit dieser Strategie können Sie vermeiden, dass Sie sich in den ersten Gesprächen unbeholfen oder unhöflich verhalten. Der Ton Ihrer ersten Übungsgespräche wird jedoch wahrscheinlich weniger förmlich sein, so dass das Erlernen der "einfachen" oder "Wörterbuchform" langfristig die bessere Option ist. Wenn Sie nur die Höflichkeitsformen verwenden und üben können, könnte es schwierig werden, echtes Gesprächsjapanisch zu verstehen - die Art, die Sie in der Praxis vielleicht mit Freunden, Familie oder sogar Kollegen führen.

● Einfaches / Informelles Präsens *'Wörterbuchform'*

Diese Version ist wirklich einfach. Die schlichte Version der Verben im Präsens entspricht der Version, die Sie in Wörterbüchern finden - eine Konjugation ist nicht notwendig:

Kategorie	Konjugations-Regel	Beispiel		
る -Verben	K.A.	食べる	*taberu*	"essen"
う -Verben	K.A.	飲む	*nomu*	"trinken"
Unregelmäßig	K.A.	する	*suru*	"tun"
	K.A.	来る	*kuru*	"kommen"

● Einfache / Informelle Vergangenheitsformen *'-Ta' Form*

Die informellen Konjugationen von う-Verben in der Vergangenheit hängen davon ab, mit welchem "-u"-Laut ihre Wörterbuchform *(auch "Infinitiv" genannt)* endet:

Kategorie	Konjugations-Regel	Beispiel				
る -Verben	る entfernen, ~ました hinzufügen	食べる	*taberu*	↝	食べた	*tabeta*
う -Verben	Endet う / つ / る, entfernen, dann ~った hinzufügen	買う	*kau*	↝	買った	*katta*
	Endet く, entfernen, dann ~いた hinzufügen	聞く	*kiku*	↝	聞いた	*kiita*
	Endet ぐ, entfernen, dann ~いだ hinzufügen	泳ぐ	*oyogu*	↝	泳いだ	*oyoida*
	Endet す, entfernen, dann ~した hinzufügen	話す	*hanasu*	↝	話した	*hanashita*
	Endet ぬ / ぶ / む, entfernen, dann ~んだ hinzufügen	飲む	*nomu*	↝	飲んだ	*nonda*
Unregelmäßig	Stamm wird し	する	*suru*	↝	しました	*shita*
	Wortstamm ist *k-* (oder *ki*, oder *ko*)	来る	*kuru*	↝	来ました	*kita*

Ein Beispiel für eine häufige Ausnahme von diesen Regeln ist 行く *(iku), das "gehen" bedeutet und eine andere Konjugation hat, die es leichter auszusprechen macht. Es wird zu* 行った *oder "itta", nicht "iita".*

● Einfaches / Informelles Präsens *(Negativ)*   *'-Nai' Form*

Bei Verben, die mit Zeichen in der う-Reihe Ihrer Hiragana-Tabelle enden, ändern sich alle う-Laute *(z. B. ku, mu, gu usw.)* in ihr Gegenstück in der あ-Reihe - ihren entsprechenden '-a'-Laut *(z. B. ka, ma, ga usw.)*. Es gibt nur eine Ausnahme: Bei Lesarten, die auf う / "u" selbst enden, wird das う into わ / "wa" umgewandelt (nicht nur あ / "a"):

Kategorie	Konjugations-Regel	Beispiel		
る -Verben	る entfernen, ~ない hinzufügen	食べる *taberu*	↷	食べない *tabenai*
う -Verben	う bis あ-Reihe, ~ない hinzufügen	飲む *nomu*	↷	飲まない *nomanai*
	Endet う, ändern Sie う in わ, dann ~ない hinzufügen	買う *kau*	↷	買わない *kawanai*
Unregelmäßig	Stamm し, ~ない hinzufügen	する *suru*	↷	しない *shinai*
	Stamm *ko*, ~ない hinzufügen	来る *kuru*	↷	来ない *konai*

Die Ausnahmen klingen natürlicher mit わ *("wa")*. Andernfalls würden Wörter wie 買う *(kau)*, was "kaufen" bedeutet, oder 歌う *(utau)*, "singen", schwer auszusprechen sein. *Es ist auch erwähnenswert, dass der Stamm für 来る (kuru) hier こ (ko) und nicht き (ki) ist.*

● Einfache / Informelle Vergangenheitsform *(Negativ)*   *'-Nakatta' Form*

Diese Konjugation ist ähnlich wie das negative Präsens, mit denselben Änderungen der Vokallaute und denselben Ausnahmen, nur dass sie stattdessen mit ~なかった *(nakatta)* endet:

Kategorie	Konjugations-Regel	Beispiel		
る -Verben	る entfernen, ~なかった hinzufügen	食べる *taberu*	↷	食べなかった *tabenakatta*
う -Verben	う bis あ-Reihe, ~なかった hinzufügen	飲む *nomu*	↷	飲まなかった *nomanakatta*
	Endet う, ändern Sie う in わ, dann ~なかった hinzufügen	買う *kau*	↷	買わない *kawanakatta*
Unregelmäßig	Stamm し, ~なかった hinzufügen	する *suru*	↷	しなかった *shinakatta*
	Stamm *ko*, ~なかった hinzufügen	来る *kuru*	↷	来なかった *konakatta*

Da es im Japanischen keine Zukunftsformen von Wörtern gibt, haben Sie nun die wichtigsten Verbkonjugationen kennengelernt! Es gibt nur noch eine weitere wichtige Form, die Sie lernen müssen - die "-te"-Form.

Te- Form て

Es ist eine gängige Konjugation mit vielen praktischen Verwendungen. Wir verwenden es, um laufende Handlungen oder eine Aktivität zu beschreiben, die wir gerade tun. Wenn wir zwei Dinge auf einmal tun, kann es zwei Verben verbinden und wird verwendet, um jemanden zu bitten, etwas zu tun.

● **Kontinuierliches** | **Präsens progressiv** | *'-Te' Form*

Die '-te'-Form ist die Konjugation, die im Japanischen verwendet wird, um Verben zu bilden, die auf "-en" enden, *wie z. B. 'singen', 'putzen' oder 'backen'*. Die Regeln sind ähnlich wie die für die einfache "-ta"-Form, nur wird た durch て *("-te")* ersetzt:

Kategorie	Konjugations-Regel	Beispiel			
る -Verben	る entfernen, ~て hinzufügen	食べる	*taberu*	食べて	*tabete*
う -Verben	Endet う / つ / る, entfernen, dann ~って hinzufügen	買う	*kau*	買って	*katte*
	Endet く, entfernen, dann ~いて hinzufügen	聞く	*kiku*	聞いて	*kiite*
	Endet ぐ, entfernen, dann ~いで hinzufügen	泳ぐ	*oyogu*	泳いで	*oyoide*
	Endet す, entfernen, dann ~して hinzufügen	話す	*hanasu*	話して	*hanashite*
	Endet ぬ / ぶ / む, entfernen, dann ~んで hinzufügen	飲む	*nomu*	飲んで	*nonde*
Unregelmäßig	Stamm し, ~て hinzufügen	する	*suru*	して	*shite*
	Stamm '*k-*', ~て hinzufügen	来る	*kuru*	来て	*kite*

Kombinieren Sie die て-Form *("-te")* mit ください *("kudasai")*, was *"bitte (für mich)"* bedeutet, um jemanden zu bitten, etwas für Sie zu tun:

Verwenden Sie die て-Form, um auszudrücken, dass Sie zwei Dinge gleichzeitig tun. Sie wird normalerweise auf das erste Verb angewendet, kann aber auch von der Zeitform abhängen:

Sie können auch die *"-te"*-Form verwenden, um höflich zu fragen, ob es in Ordnung ist, eine Handlung auszuführen, indem Sie die Phrase て + もいいですか *(-te + mo iidesu ka)* hinzufügen:

さら あら
お皿を洗ってください。
o sara o aratte kudasai
"Bitte waschen Sie das Geschirr ab."

さら あら うた
お皿を洗って歌っています。
o sara o aratte utatte imasu.
"Ich wasche das Geschirr und singe"

うた
歌ってもいいですか？
utatte mo iidesu ka?
"Darf ich bitte singen?"

Nützliche Grammatik-Muster

Mit einigen Kanji-Kenntnissen und Vokabeln können Sie diese allgemeinen Grammatikmuster verwenden, um Ihre Lesefähigkeit zu erweitern, Ihre Konversationsfähigkeiten zu verbessern und den Gebrauch der Sprache in alltäglichen Situationen zu üben:

Weil...

Der Partikel から (kara) ist gleichbedeutend mit dem Wort "weil", und wir verwenden ihn, um Sätze zu verbinden, in denen wir einen Grund angeben - und erklären, dass "[etwas] weil [etwas]" in einem langen Satz steht. Es lässt den Satz natürlicher klingen, und obwohl das erste Beispiel durchaus Sinn machen würde, steht der Grund in diesen Sätzen normalerweise an erster Stelle:

のどが渇いた、飲みます。
nodo ga kawaita, nomimasu.
"Ich bin durstig. Ich werde trinken."

のどが渇いたから、飲みます。
nodo ga kawaita kara, nomimasu.
"Weil ich durstig bin, will ich trinken"

Wunsch und Verlangen

Sie können jedes Verb so ändern, dass es bedeutet, dass Sie "etwas tun wollen", indem Sie einfach die Zeichen ～たい ("-tai") an den Verbstamm anhängen. So wird 食べる (taberu) zu 食べたい (tabetai), & 飲む (nomu) zu 飲みたい (nomitai) usw.:

Bei Substantiven ist das anders, aber leicht zu lernen - es gilt die Formel **[Substantiv]** + が欲しい (ga hoshī):

ケーキが食べたいです。
kēki ga tabetai desu.
"Ich möchte Kuchen essen."

ケーキが欲しいです。
kēki ga hoshī desu
"Ich möchte einen Kuchen."

Es gibt/war... (& nicht)

Es gibt zwei Verben, die ausdrücken, dass [etwas] existiert oder existierte. Sätze wie "es gibt" und "es gibt nicht..." werden mit dem Ichidan-Verb いる (iru) für lebende Dinge oder Menschen (mit Ausnahme von Pflanzen) gebildet, z. B. einen Mann, einen Hund und so weiter. Die gleichen Sätze bilden wir mit dem godanischen Verb ある (aru) für nicht lebende Gegenstände, z. B. ein Auto, ein Buch usw.

Denken Sie daran, dass es dasselbe Wort für eines von etwas oder Plural ist, und um die höflichen Formen zu verneinen, ändern Sie "-masu" in "-masen":

猫がいる
neko ga iru

猫がいます
neko ga imasu

"Es gibt eine Katze"

車がある
kuruma ga aru

車があります
kuruma ga arimasu

"Es gibt ein Auto"

猫がいません
neko ga imasen

"Es gibt keine Katzen"

車がありません
kuruma ga arimasen

"Es gibt keine Autos"

Absicht und Planung

Die einfache Verbform zeigt an, dass wir *"etwas tun werden"*, vermittelt aber den Zuhörern den Eindruck, dass es sich um einen eher lockeren Plan handelt:

Wenn Ihre Absichten fester sind, können Sie つもり *(tsumori)* an die *"Wörterbuchform"* eines Verbs anhängen, um dem Zuhörer zu zeigen, dass Sie fest entschlossen sind, etwas zu tun:

Wenn Sie jedoch feste Pläne haben, können Sie das Wort 予定 (よてい), oder *yotei*, das *"Plan"* bedeutet, an Verben anhängen, um die absolute Gewissheit auszudrücken, dass die Aktivität stattfinden wird:

Vorschläge oder Angebote

Sie können Aussagen in Angebote oder Vorschläge umwandeln, indem Sie ましょう *("-mashou")* an einen Verbstamm anhängen. Es hat eine ähnliche Bedeutung wie *"lass uns [etwas] tun"* und kann zu einer Frage werden, wenn man die *"Fragepartikel"* か *(ka)* am Ende des Satzes hinzufügt, was *"sollen wir [etwas] tun?"* bedeutet.

Diese Art von Suggestivfrage hat einen beiläufigen und möglicherweise anmaßenden Ton, der den Zuhörer in die Enge treibt und ihm das Gefühl gibt, nicht ablehnen zu können.

Eine bessere Art zu fragen wäre es, die höfliche, negative Verbform und die Partikel か, zu verwenden, um eine Frage ähnlich wie *"Warum tun wir nicht [etwas]?"*

Fragen

Die Satzendung ですか ('-desu' + 'ka') ist eine gute Möglichkeit, fast jeden Satz in eine Frage zu verwandeln. Eine Frage auf Japanisch zu stellen, ist oft so einfach wie das Hinzufügen des Partikels か (ka) am Ende eines Satzes *(siehe Partikel, S. 190), besonders beim Schreiben.* Es ist sogar noch einfacher, Fragen beim Sprechen zu stellen, da ein Anheben der Stimme am Ende eines Satzes ausreicht, um eine Frage zu implizieren, genau wie im Deutschen. *(Stellen Sie sich vor, Sie sagen "Dinner?")*

Das Fragezeichen ' ? ' wird normalerweise nicht verwendet, außer in der Umgangssprache und in digitalen Formaten (Instant Messaging, soziale Medien usw.).

Ungewissheit

Im Japanischen gibt es mehrere Möglichkeiten, *"vielleicht"* oder *"wahrscheinlich"* zu sagen. Das hängt von der Höflichkeitsstufe, der Situation und dem Grad der Gewissheit ab. Der Kontext spielt normalerweise eine Rolle dabei, wie diese Wörter verwendet und verstanden werden.

Wir fügen das höfliche Präsumptiv でしょう *(deshou)* an das Ende von Sätzen, wenn wir spekulieren, und ersetzen damit das Satzende "-desu". Mit diesem Ausdruck wird allgemein ausgedrückt, dass etwas *"wahrscheinlich"* passieren wird oder dass es so aussieht, als ob es *"wahrscheinlich"* passieren würde. Sie können es auch verwenden, um *"ich nehme an"* oder *"ich denke"* zu sagen, um dem Zuhörer mitzuteilen, dass das, was Sie sagen, ein Urteil ist, das auf Ihrer Interpretation bestimmter Informationen beruht.

Deshou ist häufig in Wetterberichten zu hören und verleiht den Sprechern einen autoritären Ton und ein höheres Maß an Gewissheit - *aber immer noch weniger als 100 %:*

Die einfache Form だろう *(darou)* hat eine ähnliche Bedeutung wie *"ich glaube"*, *"ich nehme an"* oder *"ich schätze"* und wird verwendet, wenn man sich ziemlich sicher ist, was man sagt:

Dieselbe Grammatik kann im Kontext Fragen bilden, um eine Bestätigung oder Zustimmung des Zuhörers zu erhalten. Sie können einfach den Tonfall Ihrer Stimme ändern:

明日は雨が降るでしょう。
ashita wa amegafuru deshou
"Morgen wird es regnerisch sein"

明日は雨が降るだろう。
ashita wa ame ga furu darou
"(Ich denke) es wird morgen regnen"

明日は雨が降るだろう?
ashita wa ame ga furu darou
"(Ich schätze) es wird morgen regnen?"

▲ (relativ hohe Gewissheit)

Wenn Sie etwas beschreiben, von dem Sie glauben, dass es passieren *"könnte"*, könnte stattdessen der Ausdruck かもしれません (oder *kamoshiremasen*) verwendet werden. Das grammatikalische Muster ist dasselbe, aber dieser Ausdruck weist eine geringere Gewissheit auf:

明日は雨が降るかもしれません。
ashita wa ame ga furu kamoshiremasen
"Es könnte morgen regnen."

▲ (geringere Gewissheit als *deshou*)

Beide Formen von deshou können von dem Wort 多分 (たぶん), *tabun*, begleitet werden, das den Grad der Gewissheit reduziert und ein Gefühl von *"vielleicht"*, *"vielleicht"* oder *"wahrscheinlich"* vermittelt.

Vor allem in der Umgangssprache kann *tabun* helfen, eine Frage zu beantworten, wenn man sich nicht sicher ist, ob etwas passieren wird oder nicht, d. h. wenn das Ergebnis in beide Richtungen gehen könnte oder man sich zu 50 % sicher ist:

明日は多分雨が降るだろう。
ashita wa tabun amegafuru darou
"Vielleicht wird es morgen regnen"

多分そうだろう	映画館?多分
tabun sou darou	eigakan? tabun
"Ich nehme es an"	*"Das Kino? Vielleicht"*

▲ (unsicher / informell, so oder so nicht sicher)

Einführung in die Partikel

Im Japanischen wird die Bedeutung eines Satzes nicht wie im Englischen durch die Reihenfolge der Wörter bestimmt. Stattdessen wird die Satzstruktur durch die Verwendung von **Partikeln** bestimmt. Dies sind zusätzliche Zeichen, die unmittelbar nach jedem Teil eines Satzes oder einer Klausel stehen und uns zeigen, welche Funktion die Wörter haben. Einfach ausgedrückt, zeigen sie uns, wie Wörter miteinander verbunden sind.

Partikeln werden oft als *"Postpositionen"* bezeichnet und sind kleine, verbindende Wörter, die den *"Präpositionen"* ähneln. Wie der Name schon sagt, stehen sie im Japanischen einfach nach dem Wort, auf das sie sich beziehen. Anstatt *"nach Japan"* zu sagen, sagt man zum Beispiel *"Nihon ni"* (日本に), wobei に *(ni)* das Partikeläquivalent von *"nach"* ist.

Die am häufigsten verwendeten Partikel sind wahrscheinlich は, が und を, aber es gibt noch viele andere. Auch wenn es schwierig ist, sie zu beherrschen, sind die grundlegenden Mechanismen der meisten Partikel relativ leicht zu verstehen. Dieser Abschnitt gibt einen Überblick über die wichtigsten Teilchen und ihre grundlegende Rolle.

In vielerlei Hinsicht sollten Partikel das Erlernen der japanischen Grammatik erleichtern, da sie fast wie ein Regelwerk für sich selbst sind. Der Trick besteht darin, herauszufinden, welche Äquivalente sie im Deutschen abdecken *(wenn überhaupt)*. Es gibt ganze Lehrbücher, die sich mit der Diskussion von Partikeln beschäftigen, daher sind die folgende Liste und die Erklärungen relativ knapp gehalten. Sie werden einfacher, je mehr Sie mit der Sprache in Berührung kommen, und leider dauert es einfach seine Zeit, bis man sich an bestimmte Aspekte des Japanischen gewöhnt hat.

Subjekt- und Themenmarker

Die Verwendung der Partikel は *(wa)* und が *(ga)* kann eine Grauzone sein, selbst für Japaner, so dass es oft schwierig ist, sie denjenigen, die die Sprache lernen, vollständig zu erklären. Das Haupthindernis, mit dem Anfänger beim Erlernen der Partikel は und が konfrontiert werden, ist, dass Ihre eigene Sprache wahrscheinlich nicht zwischen "Subjekt" und "Thema" eines Satzes trennt - zumindest nicht auf dieselbe Weise wie die japanische Sprache.

Wenn man bedenkt, dass Sätze in der Regel eine Person oder Sache (Subjekt) beschreiben, die eine Handlung (Verb) ausführt, sind Subjekt und Thema der meisten Sätze im Deutschen normalerweise dasselbe. Es gibt eine strenge Wortfolge, bei der die Sätze eine genaue *[Subjekt + Objekt + Verb]* *(SOV)* Struktur haben. Das Japanische hingegen ist flexibler und im Allgemeinen weniger direkt. Viele Informationen werden eher angedeutet oder aus dem Kontext abgeleitet.

Im Wesentlichen ist das *Thema* ein zusätzlicher Kontext und nicht durch die Grammatik mit den anderen Wörtern verbunden. Das *Subjekt* ist in der Regel mit Verben verbunden und hat eine bestimmte grammatikalische Rolle.

Auf den ersten Blick scheinen は *(wa)* und が *(ga)* eine ähnliche Aufgabe zu erfüllen, aber ihre Funktionen sind recht unterschiedlich:

Der Themenmarker は *(als Partikel, wird 'wa' ausgesprochen, nicht 'ha')*

Im Gegensatz zu den meisten Partikeln, einschließlich が (ga), bezieht sich die so genannte *Themenmarkierung* は (wa) nicht direkt auf das Verb in einem Satz. Stattdessen hebt sie einen Teil eines Satzes oder einer Klausel als Hintergrundinformation oder Kontext für die Diskussion hervor:

"Chris hat einen Kuchen gegessen."

クリス は ケーキ を 食べました。
kurisu wa kēki o tabemashita

クリス が ケーキ を 食べました。
kurisu ga kēki o tabemashita

Hier ist *"Chris"* das Subjekt der Handlung/des Verbs, da er den Kuchen gegessen hat. Der Satz handelt im Allgemeinen von Chris und dem, was er getan hat, also wäre er auch im Japanischen das Thema des Satzes. Daher könnte entweder は oder が verwendet werden und wäre grammatikalisch korrekt.

Allerdings vermittelt jede Version eine andere Bedeutung und hat eine andere Interpretation...

Die *Themenmarkierung* は (wa) reduziert die Bedeutung des markierten Wortes, so dass sich der Hörer mehr auf die folgenden Informationen konzentrieren kann. Mit anderen Worten: は (wa) würde betonen, was passiert ist, und *"Chris"* wird zur Verdeutlichung hinzugefügt. Das ist in etwa so, als würde man sagen: *"Apropos Chris, **[er] hat einen Kuchen gegessen**"*, oder *"Was Chris betrifft..."*.

Die Partikel は (wa) wird verwendet, um "etwas" mit "anderen Dingen" zu kontrastieren, indem ein bestimmter Teil eines Satzes hervorgehoben wird; und auch zur Ausarbeitung, wenn ein Zuhörer bereits etwas über das Gesprochene weiß.

Das Subjekt Marker が *(ausgesprochen 'ga')*

Die so genannte *Subjektpartikel* が (ga) hat eine klarere Rolle: Sie kennzeichnet das Subjekt eines Satzes oder einer Klausel durch eine direkte grammatikalische Beziehung. Wenn wir eine Person, ein Tier oder eine Sache mit が *(im obigen Beispiel "Chris")*, geht es darum, *"was Chris getan hat"*. Im Allgemeinen lenkt es die Aufmerksamkeit auf *"wer, was getan hat"*.

In diesem Beispiel kommen beide Partikel vor:

Das Subjekt in diesem Satz ist "Kuchen", markiert durch die Partikel が. Die Betonung liegt auf der Tatsache, dass *"Kuchen gemocht wird"*. Das "ich" erinnert daran, dass der Sprecher über sich selbst spricht:

私 は ケーキ が 好きです。
(watashi wa kēki ga suki desu.)

*"Was mich betrifft, **ich mag Kuchen**"*
*"Apropos mich, **ich mag Kuchen**"*

Andere Verwendungszwecke für diese Partikel sind: eine Option oder Sache von anderen zu unterscheiden; neue Informationen in ein Gespräch einzuführen, die nicht bereits im Kontext vorhanden sind; etwas Bestimmtes mit einem Adjektiv zu beschreiben; und auch Sätze oder Klauseln zu verbinden, wie das Wort "aber" oder die Phrase "obwohl...", zum Beispiel.

Die "Frage" Marker か (ausgesprochen 'ka')

Genauer gesagt, markiert dieses Partikel das Unbekannte. Er wird als *"Frage Marker"* bezeichnet, weil wir ihn auf ähnliche Weise verwenden. Er ersetzt praktisch das übliche Satzzeichen, mit dem man im Deutschen eine Frage beendet (**?**). Mit dem Partikel か am Ende können Sie jeden Satz oder jede Aussage in eine Frage verwandeln.

Die Partikel か steht am Ende von Fragen in einer formelleren Sprache, und Sie würden Ihre Stimme am Ende des Satzes anheben, genau wie Sie es tun würden, wenn Sie auf Deutsch eine Frage stellen. Die schriftliche, formale Version einer Frage würde mit か。 enden.

In zwanglosen Gesprächen brauchen Sie dies nicht auszusprechen, da es ausreicht, die Stimme am Ende anzuheben. Heutzutage können Sie Sätze mit einem Fragezeichen (**?**) beenden, wenn Sie in lockeren Situationen schreiben.

Der Partikel か wird auch bei der Aufzählung von Optionen und Alternativen verwendet und jeweils durch ein か. getrennt. Hier ist die Bedeutung gleichbedeutend mit dem Wort "oder":

ケーキ か オレンジ か、どちら が 好き です か？
kēki ka orenji ka, dochira ga suki desu ka?
Kuchen oder Orangen, was wird bevorzugt?
"Magst du Kuchen oder Orangen?"

Sie haben vielleicht bemerkt, dass die Beispielfrage auch das Subjekt-Marker が *(ga)* enthält. Es folgt immer auf Wörter, die eine Frage bilden, wie *"welche"*, *"was"* und *"wer"*. Eine reguläre か-Partikel kommt am Ende, da es sich um eine Frage handelt.

Der Objektmarker を ('wo' ausgesprochen 'o')

Der Partikel を markiert einfach das direkte Objekt eines Satzes oder einer Klausel und folgt unmittelbar auf Substantive oder Phrasen, die direkt mit dem Verb verbunden sind. Wenn ein Verb eine Bewegung beschreibt, hebt die Partikel を hervor, wo die Bewegung stattfindet oder was davon betroffen ist.

Dieser Beispielsatz zeigt, dass Frühstück das Objekt ist, markiert durch die Partikel を, und es ist direkt mit dem Verb *(essen)* verbunden:

私は朝ご飯を食べました。
(watashi wa asagohan o tabemashita)
Was mich betrifft, gefrühstückt
Höflich / Förmlich   "Ich habe gefrühstückt"

Man kann davon ausgehen, dass dieser Satz Teil eines Gesprächs ist, bei dem aus dem Kontext hervorgeht, dass sich der Sprecher auf sich selbst bezieht. Der Sprecher und der Zuhörer sind sich wahrscheinlich bekannt, daher wird das höfliche Verb durch die einfache Version ersetzt. Das anfängliche 私は kann auch weggelassen werden.

朝ご飯を食べた。
(asa gohan o tabeta)
(Ich habe) gefrühstückt
Einfach / Informell   "Ich habe gefrühstückt"

Besitz und Änderung の

(ausgesprochen 'no')

Der Partikel の hat mehrere Funktionen in Bezug auf Besitz und Kennzeichnung. Um die korrekte besitzanzeigende Form im Japanischen zu bilden, können Sie einfach den Partikel の (no) an Pronomen anhängen. In den meisten anderen Sprachen ist es viel komplizierter, den Besitz zu kennzeichnen. Wir verwenden oft verschiedene Wörter, je nachdem, wem (oder was) etwas "gehört" und wo die Wörter in einem Satz stehen (z. B. mich = mein / meine, sie = ihr / ihrs, usw.). Im Japanischen gibt es nur の + Substantiv.

私のケーキ könnte entweder *"mein Kuchen"* oder *"ein Kuchen, den ich gemacht habe"* sein, je nach Kontext. Wenn der Kontext es zulässt, könnte man auch einfach 私の oder "mein" sagen. Es zeigt den Besitz von etwas an, wenn es nach *Person* oder *Leute* steht:

Sie können diese Partikel auch verwenden, um zwei Substantive zu verbinden und so eine Art *"zusammengesetztes Substantiv"* zu bilden. Hier wird das erste Substantiv 猫 (*"cat"*) + の (no) zu einer Art "Etikett", das auf das zweite Ding zutrifft und zeigt, dass es sich auf Katzen bezieht. Das 2. Substantiv ist die "wichtigste" Sache oder Bedeutung:

Das neu *"etikettierte"* Substantiv kann selbst zu einer Bezeichnung für ein anderes werden - wir fügen einfach ein weiteres の und ein Substantiv hinzu, um zu zeigen, dass etwas mit "Katzenspielzeug" zu tun hat:

- の wandelt auch Wörter, die keine Substantive sind (Adjektive, Verben und Satzteile), in Substantive um, so dass sie grammatikalisch gesehen das Subjekt eines Satzes werden können. Dieser Vorgang wird *Nominalisierung* genannt, und の fungiert als *Nominalisator*.

Wenn man zum Beispiel sagt: *"Ich möchte essen"*, ist das Wort, das als Verb fungiert, "mögen", und das Wort "essen" ist das, was "gemocht" wird. Die Partikel の verwandelt das Verb *"essen"* in *[den Vorgang des Essens]*, ein Substantiv:

私は 食べるの が 好きです。
"Was mich betrifft, so ist [der Vorgang des Essens] sympathisch".

oder, 食べるのが 好きです。

- Eine weitere alltägliche Verwendung ist das Ersetzen von Substantiven durch ein allgemeineres Wort, das *"ein"*, *"es"* oder *"das"* entspricht. Der Name von etwas, das aus dem Kontext verstanden wird, kann stattdessen mit einem einfachen の bezeichnet werden:

Weitere Verwendungszwecke des Partikels の sind: die Bildung von Adjektivtypen und die Angabe einer Reihenfolge oder einer Aussage *(wenn er am Ende eines Satzes steht)*.

Zeit, Bewegung und Ziel　に *(ausgesprochen 'ni')*

Die grundlegende Rolle der Partikel に *(ni)* besteht darin, einen Ort zu markieren, an dem etwas existiert. Diese Partikel hat viele Verwendungszwecke, vor allem die Hervorhebung eines festen Ziels oder einer genauen Position. Einige äquivalente Wörter sind z. B. "an", "zu", "auf", "in" usw.

Durch einfaches Hinzufügen von に *(ni)* am Ende eines Wortes können Sie es als einen festen Ort definieren, an dem etwas oder jemand entweder gegenwärtig ist, war oder in der Zukunft sein wird:

> わたし　だいがく　い
> (私は)大学 に 行く。
> *watashi wa daigaku ni iku*
> *(Was mich betrifft) Ich gehe aufs College*

In Sätzen mit einem Bewegungsverb markiert die Partikel に den Ort, an den sich etwas/jemand bewegt *(d. h., wo er/sie schließlich landet)*:

> お
> ケーキをテーブルに置く。
> *kēki o teeberu ni oku*
> *den Kuchen auf den Tisch zu stellen*

Wir können auch **spezifische** Zeiten, Daten und sogar Intervalle, in denen sich eine Aktion wiederholt, mit に kennzeichnen *(z. B. "zweimal im Jahr" oder "einmal im Monat" usw.)*:

> しちじ　お
> 七時に起きます。
> *shichi-ji ni okimasu.*
> *Ich stehe um 7 Uhr auf*

> わたし　　　　　　　　あ
> (私は)クリスにケーキを上げました
> *(watashi wa) kurisu ni kēki wo agemashita*
> *Ich habe Chris einen Kuchen geschenkt*

に wird seltener zur Kennzeichnung *indirekter Objekte* verwendet, um zu zeigen, dass eine Handlung auf eine Person, einen Ort oder eine Sache gerichtet ist:

> きのう　　　　い
> 昨日どこに行ったのですか？
> *kinō doko ni itta no desu ka?*
> *Wo bist du gestern hingegangen?*

Sie können diese Partikel auch bei der Formulierung von Fragen verwenden:

Richtung und Zielort　へ *(als Partikel, wird 'e' ausgesprochen)*

Die Partikel へ kann auch eine Richtung oder ein allgemeines Ziel angeben. Wir verwenden ihn bei Verben, die eine gerichtete Bewegung ausdrücken, da へ den Sätzen einen weniger "definitiven" Sinn verleiht. Es wird als *"e"* ausgesprochen, *nicht als "he"*.

> 日本へ 行きます
> *nihon e ikimasu*
> *"in Richtung Japan"*

Im ersten Beispiel mit der Partikel へ würde man dies als *"aufbrechen nach Japan"* oder *"in Richtung Japan"* interpretieren, während die zweite Version mit der Partikel に Japan als beabsichtigtes und endgültiges Ziel kennzeichnet:

> 日本に 行きます
> *nihon ni ikimasu*
> *"Nach Japan gehen"*

Wie und Wo Partikel で *(ausgesprochen 'de')*

Ein weiteres Partikel mit ortsbezogenen Funktionen, aber zur Beschreibung, *wie und wo etwas geschieht,* statt einer Bewegung. Mit で markierte Wörter zeigen an, **wie** und **wo** eine Tätigkeit ausgeführt wird und **welche Mittel** dazu benötigt werden.

Sie kann alle Werkzeuge, Fahrzeuge oder Materialien kennzeichnen, die für die Durchführung einer Aktion erforderlich sind, und auch jede besondere Methode:

> えんぴつ　しゅくだい　か
> 鉛筆で 宿題を 書きました。
> *enpiitsu de shukudai o kakimashita.*
> "Ich schrieb meine Hausaufgaben mit einem Bleistift"

Der Partikel で kennzeichnet Wörter, die uns den Ort zeigen, an dem eine Tätigkeit stattfindet, während に den Punkt oder die Position der Handlung genauer angibt:

> つくえ　しゅくだい　か
> 机で 宿題を 書いた。
> *tsukue de shukudai o kakimashita.*
> "Ich habe meine Hausaufgaben **an** meinem Schreibtisch geschrieben"

Beide Beispiele sind grammatikalisch korrekt, aber das zweite Beispiel mit der に würde dahingehend interpretiert werden, dass der Sprecher direkt auf die Oberfläche des Schreibtisches geschrieben hat - nicht während er am Schreibtisch positioniert war.

> つくえ　しゅくだい　か
> 机に 宿題を 書いた。
> *tsukue ni shukudai o kakimashita.*
> "Ich habe meine Hausaufgaben **auf** meinen Schreibtisch geschrieben"

で wird verwendet, um zu beschreiben, *warum* ein Ereignis stattfindet, aber normalerweise nicht, wenn der Grund eine Entscheidung ist. Mit anderen Worten, wenn etwas die Handlung *verursacht*:

> びょうき　だいがく　い
> (私は) 病気で大学に行けなかった。
> *byōki de daigaku ni ikenakatta*
> "Wegen Krankheit konnte (ich) nicht zur College gehen"
> "(Ich) war zu krank, um zur College zu gehen"

Wir können auch で verwenden, um Wörter zu markieren, die angeben, wie viel Zeit benötigt wird, um eine Tätigkeit *abzuschließen* oder zu *beenden* - für Zeitlimits und Fristen:

> じかん　お
> 1時間で起きます
> *1-jikan de okimasu*
> "(Ich werde) in 1 Stunde aufstehen"
> "(Ich) stehe in einer Stunde auf"

Andere Verwendungszwecke sind die Kennzeichnung von Menge, Zeit und Geld, um das Ausmaß zu zeigen, die Angabe von Kosten und auch, wenn Sie einen Bereich oder Umfang beschreiben müssen (z. B. "innerhalb" oder "unter").

Verbinder- und Listing-Partikel と (ausgesprochen 'to')

Manchmal auch als "Klebepartikel" bezeichnet, besteht die Hauptfunktion von と *(to)* darin, Verbindungen zwischen Substantiven herzustellen - im Deutschen entspricht es dem *"und"* oder *"oder"*. Wenn es verwendet wird, um eine Reihe von Elementen aufzulisten, zeigt es an, dass die Liste entweder **kurz oder vollständig** ist, und nichts mehr hinzugefügt wird.

- Als Äquivalent zum Wort *"und"* können Sie Dinge miteinander verbinden, indem Sie と an jedes Wort anhängen. Entscheidend ist, dass die Verwendung dieses Partikels impliziert, dass alles, was Sie erwähnen, die vollständige Liste der Dinge ausmachen würde:

猫と犬
"Katzen und Hunde"

君と僕
"Du und ich"

ひらがなとカタカナは簡単
"Hiragana und Katakana sind einfach"

- と fungiert auch als Äquivalent zum deutschen Wort *"mit"*, verbindet Menschen und zeigt an, ob jemand bei uns ist, wenn wir eine Handlung ausführen:

彼とケーキを食べた。
"Ich habe mit ihm Kuchen gegessen"

- Sie können weitere Personen oder Dinge zu einer Liste hinzufügen, solange と auf jede Person/Nomen folgt - und sie zusammen eine *vollständige* Liste bilden:

彼と彼女とケーキを食べた。
"Ich aß Kuchen mit ihm und mit ihr"

Dieses Partikel hat einige andere Verwendungszwecke, z. B. das Ende eines Zitats oder eines Gedankens. Es hebt auch Wörter mit Lautmalerei hervor und verbindet Klauseln in Sätzen der Art *"wenn [dies], dann [das]"* - wo eine Bedingung festgelegt wird, gefolgt von einem Ergebnis.

Unvollständige Liste Partikel や (ausgesprochen 'ya')

Grammatikalisch ähnlich wie と *(to)* wird die Partikel や *(ya)* verwendet, um Elemente parallel zueinander aufzulisten, mit einem großen Unterschied - die Elemente, die Sie mit や *(ya)* auflisten, sind Teil einer längeren Liste.

Mit や ist Ihre Liste weder vollständig noch unvollständig, ist und dass Sie weitere Dinge hinzufügen könnten, z. B. *"A und B (und so weiter)"*, *"X, Y,... (und so weiter)"* oder *"dies und das (unter anderem)"*:

店でペンや鉛筆を買いました。
mise de pen ya enpitsu o kaimashita
"Ich habe Stifte und Bleistifte (und etwas anderes) im Laden gekauft"

Bei Listen mit drei oder mehr Einträgen, die zwei oder mehr や -Partikel enthalten, ist es akzeptabel und selbstverständlich, das zweite や *(und das dritte, vierte usw.)* durch Kommata zu ersetzen:

パンやケーキ、クッキーを焼きます。
pan ya kēki ya kukkī o yakimasu
"Ich backe Brot, Kuchen, Kekse (und so weiter)"

Die formellere Art zu betonen, dass einige andere Dinge nicht aufgeführt wurden, besteht darin, など *(nado)* an das letzte Substantiv anzuhängen:

パンやケーキなどを焼きます。
pan ya kēki nado o yakimasu
"Ich backe Brot, Kuchen und mehr"

Auch, Zu, & Beides - Partikel も (ausgesprochen 'mo')

Der Partikel も (mo) hat eine ähnliche Bedeutung wie **"auch"** im Deutschen. Sie markiert Wörter, um zu zeigen, dass sie zu einer Gruppe von anderen Dingen gehören. Das bedeutet, dass alles, was für eine Sache gilt *(eine Gruppe von Dingen oder eine imaginäre Liste von Dingen)*, auch für diese andere Sache gilt. Es ersetzt oft die Partikel は *(wa)*, が *(ga)*, und を *(o)*, aber keine anderen Partikel.

In diesem Beispiel markiert も *(mo)* "Hunde", weil der Sprecher sie zusätzlich zu "Katzen" mag. Sie fügen Hunde zu einer *"Menge"* von *"Tieren, die sie mögen"* hinzu:

> (私は)猫が好きです、犬も好きです。
> *neko ga suki desu、inu mo suki desu.*
> "Ich mag Katzen, ich mag auch Hunde"

Hier wird も *(mo)* an das Wort *"mich/ich"* angehängt, so dass der Sprecher sich der imaginären *"Liste"* der *"Menschen, die Katzen lieben"* anschließt - vielleicht nachdem jemand gerade dasselbe gesagt hat:

> 私も猫が大好きです。
> *watashi mo neko ga daisuki desu.*
> "Ich mag auch Katzen"   ("Ich auch")

Es kann auch *"beide"* und *"alle"* bedeuten. Auf die Frage *"Magst du Katzen oder Hunde?"* könnte der Sprecher antworten:

> (私は)猫も犬も大好きだ。
> *neko mo inu mo daisuki da.*
> "Sowohl Katzen als auch Hunde mag ich"

Schließlich wird es auch als Äquivalent zum Wort *"sogar"* verwendet, um zu betonen, dass das, was der imaginären Liste hinzugefügt wird, übertrieben oder *"jenseits des Normalen"* erscheint.

> ...蛇も大好きです！
> *...hebu mo daisuki desu!*
> "...ich liebe sogar Schlangen."

Satzendende Partikel よ & ね (ausgesprochen 'yo' und 'ne')

Am Ende eines Satzes stellt die Partikel ね *(ne)* eine Frage wie *"ist es nicht so?"*, *"nicht wahr?"* oder *"stimmt es?"*, um die Informationen als etwas zu kennzeichnen, worüber man sich bereits geeinigt hat, oder einfach zur Bestätigung:

> ケーキは美味しいですね。
> *kēki wa oishīdesu ne*
> "Der Kuchen ist köstlich, nicht wahr?"

Wenn Sie einen Satz mit dem Partikel よ *(yo)*, beenden, vermittelt dies den Eindruck, dass das Gesagte für den Zuhörer neu oder informativ ist, ähnlich wie *"weißt du"* im Deutschen:

> 彼は美味しいケーキを焼きますよ。
> *kare wa oishī kēki o yakimasu yo*
> "Seine Kuchen sind köstlich, weißt du"

Mehr Partikel

Diese Liste zusätzlicher Partikel und ihrer Verwendungszwecke ist keineswegs erschöpfend - es gibt noch viel mehr zu entdecken, wenn Sie mit Japanisch weiterkommen. Ich habe eine kurze Zusammenfassung mit ein oder zwei praktischen Abbildungen beigefügt, aber fast alle diese Partikel haben weitere Verwendungen - zu viele, um sie hier aufzulisten!

よね *yone*
Wenn よ+ね am Ende eines Satzes stehen, haben sie eine ähnliche Funktion. Man glaubt, dass das Gesagte neu ist, aber es ist nicht sicher oder offensichtlich, ob es das ist.
ケーキを食べますよね？ *(kēki o tabemasu yo ne?)* "Du isst doch den Kuchen, oder?"

だけ *dake*
Ähnlich wie "nur" oder "nicht mehr als" markiert diese Partikel das Ausmaß oder die Grenze von etwas. Es kann in Sätzen wie "so [etwas] wie möglich" verwendet werden.
百円だけあげる *(hyaku-en dake ageru)* "Ich gebe Ihnen nur 100 Yen."

しか *shika*
Markiert auch Ausmaße oder Grenzen, typischerweise wenn sie dem Sprecher Probleme bereiten. Äquivalent zu "nur [etwas] und nicht mehr" oder "nichts als...".
ケーキしか焼けない *(kēki shika yakenai)* "Ich kann nur Kuchen backen."

ばかり *bakari*
Folgt auf Zahlen, um Schätzungen zu markieren; für Phrasen wie "nicht nur ... aber"; und bedeutet auch "nur" oder "nichts als ...". Normalerweise erfordert es einen Kontext.
ケーキばかり焼いています *(kēki bakari yaite imasu)* "(Ich mache) nichts anderes als Kuchen backen."

より *yori*
Wird in Vergleichen verwendet und bedeutet "als". Drückt "mehr als" aus (als positiv). Wird auch verwendet, um "von" zu sagen, wenn man an jemanden schreibt.
彼は彼女より背が高い *(kare wa kanojo yori segatakai)* "Er ist größer als sie."

でも *demo*
Eine andere Partikel für "aber", je nach Situation kann sie den folgenden Satz betonen. Markiert oft Wörter, die eine Möglichkeit oder eine Andeutung beschreiben.
でもこのケーキは美味しい *(demo kono kēki wa oishī)* "...aber dieser Kuchen ist köstlich!"

ほど *hodo*
"Etwa" oder "ungefähr" bei Zahlen. Für Grade, die einer Grenze entsprechen, z. B. "in der Größenordnung von", und markiert "größer" in Vergleichen: "sie ist nicht so groß wie er"
彼女は彼ほど背が高くない *(Kanojo wa kare hodo se ga takakunai)*

から *kara*
Markiert einen Ort oder eine Zeit "von", wo etwas beginnt, einen Ursprungspunkt oder eine Informationsquelle. Funktioniert mit dem Partikel まで, um "von X, nach Y" zu sagen.
大学から戻ります *(daigaku kara modorimasu)* "Ich werde vom College zurückkehren"

まで *made*
Das Gegenteil von から und markiert einen Endpunkt. Wird für Raum, Entfernung, Zeit und Zahlen verwendet. Typischerweise "bis". Gefolgt von に, wird zu "durch" oder "vor".
家に着くまで走った *(Ie ni tsuku made hashitta)* "Ich rannte, bis ich nach Hause kam"

Interpunktionszeichen

Die Zeichensetzung ist ein relativ neuer Bestandteil der japanischen Sprache. Abgesehen vom Punkt, der aus China stammt, wurde in Japan kaum Interpunktion verwendet, bis das Bildungsministerium sie 1946 zur Pflicht machte. Die Zeichensetzung ist heute ein wichtiger Bestandteil unserer modernen Sprache und wird in digitalen Formaten ausgiebig verwendet.

Die japanische Zeichensetzung, 約物 (やくもの) oder Yakumono, besteht aus allen Zeichen, die nicht als Kana, Kanji oder Ziffern klassifiziert sind. Einige werden Ihnen bekannt vorkommen, aber es gibt auch einige einzigartige Zeichen, die es in westlichen Sprachen nicht gibt. Dieser Überblick über die Zeichen kann Ihnen helfen, wenn Sie anfangen, die Sprache zu lesen und zu schreiben:

Breite und Abstände

Zunächst eine Anmerkung zu Breite und Abstand der Schriftzeichen: Japanische Schriftzeichen werden als *"vollbreit"* eingestuft, d. h. sie nehmen in der Regel einen Raum ein, der in Höhe und Breite gleich groß ist *(ein Quadrat)*. Deutsche *(lateinische)* Buchstaben hingegen sind *"halbbreit"*, was, wie Sie wahrscheinlich erraten können, bedeutet, dass jedes Zeichen halb so breit wie hoch ist.

Dieser Abstand gilt auch für Satzzeichen und *"Leerzeichen"*, da beide im Japanischen die doppelte Breite einnehmen. Ein *"Leerzeichen"* ist doppelt so breit wie im Deutschen, und während sich die Zeichen in ihrem Aussehen oder ihrer Größe nicht wesentlich unterscheiden, haben Kommas und Punkte einen zusätzlichen, in das Zeichen integrierten Abstand. Das Aussehen variiert ein wenig von Gerät zu Gerät, von Buch zu Buch und von Handschrift zu Handschrift:

Punkt 。

Ein kleiner Kreis (。) wird anstelle eines Punktes am Ende eines Satzes verwendet. Seine Hauptfunktion besteht darin, Sätze zu trennen, damit leichter zu erkennen ist, wo ein Satz endet und ein anderer beginnt. Für einen isolierten Satz wird es nicht benötigt. Das Zeichen wird 句点 (くてん) *Kuten*, oder 丸 (まる) *Maru* genannt. Bei der Eingabe von japanischem Text ist in diesem Zeichen ein *"halbes Leerzeichen"* eingebaut, so dass Sie zwischen den Wörtern nicht die Leertaste drücken müssen.

Komma 、

Das japanische Komma hat eine ähnliche Funktion und wird zum Trennen von Sätzen oder für Listen verwendet. Es nimmt dieselbe Position in einer Zeile ein, zeigt jedoch nach rechts. Der japanische Name ist 読点 (とうてん) oder Touten. Dieses Zeichen enthält automatisch ein zusätzliches halbes Leerzeichen (、).

Ausrufezeichen ！

Auch bekannt als 感嘆符 (かんたんふ) *oder Kantanfu*, wird es als Mittel zur Betonung, Lautstärke und Emotion verwendet. Sie sind in formellen Texten nicht üblich, werden aber sehr häufig in zwanglosen Nachrichten und in sozialen Medien verwendet. Das getippte Zeichen steht in der Mitte eines *"breiten"* Raums, so dass es zwischen den Wörtern zu schweben scheint.

Fragezeichen ？

Im Japanischen zeigt 疑問符 (ぎもんふ), oder *Gimonfu*, immer noch an, wenn eine Frage gestellt wird, aber es ist fast überflüssig wegen der Fragepartikel か - verwendet, um eine Frage durch Grammatik zu markieren. Dennoch wird es in weniger formellen Texten verwendet.

Gewellten Gedankenstrich (Tilde) 〜

Dieser gewellte Gedankenstrich ist als 波ダッシュー (なみだっしゅ) oder *Namidashu* bekannt. Er wird oft in der gleichen Weise verwendet wie ein gerader Gedankenstrich. Nicht zu verwechseln mit dem *"Vokalverlängerer"* (wie im Namen, siehe oben).

Er kann verwendet werden, um einen Zahlenbereich zu kennzeichnen, z. B. Öffnungszeiten oder Bürozeiten (z. B. 9時〜5時). Es wird auch verwendet, um Vokallaute zu betonen und zu verändern, wie z. B. in der Phrase おはよ〜! *(ohaiyooo!)* , die *"Guten Morgen!"* bedeutet.

Interpunkt ・

Dieses Interpunktionszeichen wird verwendet, um in Katakana geschriebene Wörter zu trennen, und gilt normalerweise für ausländische Namen:

Die Interpunkt, oder 中黒 (なかぐろ) *Nakaguro,* wird als allgemeines Mittel zur Trennung von Wörtern verwendet, um Mehrdeutigkeit zu vermeiden, z. B. bei Einträgen in einer Liste oder zur Trennung eines Titels von einem Namen. Es funktioniert auch als Schrägstrich zwischen Wörtern und als Dezimalpunkt in Zahlen:

> アンジェリーナ・ジョリー
> *(anjerīna・jorī)*
> Angelina Jolie
>
> 中学・高校
> (ちゅうがく・こうこう)
> Mittelstufe/Gymnasium

Auslassungspunkte …

Die japanische Auslassungspunkte, 点線 (てんせん), oder *Tensen*, sitzt näher an der Mitte als am unteren Rand einer Zeile. Dieses Zeichen besteht in der Regel aus drei Punkten, kann aber auch aus zwei bis sechs Punkten bestehen. Es wird gewöhnlich verwendet, um eine Auslassung oder ein Zögern anzuzeigen, und gelegentlich sogar als *"tenten"* ausgesprochen.

Klammern 【 】 + { } + 〈 〉 + [ ]

Es gibt viele verschiedene Klammern, 括弧 (かっこ) oder *Kakko*:

Linsenförmige Klammern, bekannt als 角付き括弧 (すみつきかっこ), oder *Sumitsukikakko*, 【 】, sind ein weiteres einzigartiges japanisches Satzzeichen. Sie heben die meisten Dinge hervor oder betonen sie und werden im Allgemeinen verwendet, um die Aufmerksamkeit auf wichtige Sätze oder Punkte zu lenken.

角括弧 (かくがっこ) oder *Kakukakko* sind die sogenannten "eckigen" Klammern [ ]. Sie werden in Formeln und Gleichungen in den eher akademischen Bereichen der Wissenschaft oder Mathematik verwendet.

Gewellte Klammern wie { } werden 波括弧 (なみかっこ) oder *Namikakko* genannt und haben in der allgemeinen Sprache keine besondere Funktion. Sie werden in der Mathematik verwendet und können innerhalb eines Paares eckiger Klammern erscheinen (siehe oben).

〈 〉 sind 山括弧 (やまがっこ), oder *Yamakakko*, was wörtlich "Berg"-Klammern bedeutet. Sie betonen den Text, sind aber nicht mit den < >-Symbolen zu verwechseln.

Runde Klammern ( )

丸括弧 (まるかっこ), oder Marukakko, werden oft verwendet, um Kanji-Lesungen als *"in Zeile-Furigana"* darzustellen *(wie in der Zeile oben)*, funktionieren aber ansonsten so, wie Sie es erwarten würden.

Anführungsstriche 「 」 + 『 』

Das erste Paar, 「 」 werden 鈎括弧 (かぎかっこ) oder *Kagikakko* genannt und ist als einfache Anführungszeichen bekannt. Sie werden für Dialoge oder Zitate verwendet und sind wahrscheinlich am häufigsten zu sehen.

Doppelte Anführungszeichen 『 』 sind 二重鈎括弧 (にじゅうかぎかっこ), oder *Nijukagikakko*. Sie werden viel seltener und meist für Zitate innerhalb eines anderen Zitats verwendet, wobei man sie wie 「『 』」 anordnet.

Doppelpunkt ：

Dieses Satzzeichen ist nicht japanisch, daher schreiben wir seinen allgemeinen Namen in Katakana als コロン *(koron) - vom englischen Wort "colon"*. Sie werden es wahrscheinlich verwenden, um die Uhrzeit zu schreiben, wie im Westen, z. B. **5:04**, anstelle von **5時4分** *(wobei* 時 *für Stunden und* 分 *für Minuten steht)*. Wir können ihn auch verwenden, um anzuzeigen, dass etwas, das nach dem Doppelpunkt geschrieben wird, das, was davor steht, erklärt oder erweitert. Diese Verwendung ist jedoch in der Regel auf akademische Texte beschränkt.

Vokalverlängerer ー

Der *"Vokalverlängerer"* zeigt doppelte Vokale in der Katakana-Schrift. Er heißt **長音符**, oder *Chōonpu* (ちょうおんぷ) auf Japanisch, was "langes phonetisches Zeichen" bedeutet. Es ist nicht zu verwechseln mit einem Gedankenstrich oder Bindestrich, die beide durch die Tilde oder den *"gewellten Gedankenstrich"* dargestellt werden. Der *"Vokalverlängerer"* kann zu Nicht-Katakana-Wörtern hinzugefügt werden, um Ausdrücken ein Gefühl von Begeisterung und Aufregung zu verleihen.

Diakritische Zeichen ゛+ ゜

Dakuten und handakuten wurden bereits im Abschnitt *"Zusätzliche Laute"* besprochen. Obwohl sie technisch gesehen keine Satzzeichen sind, sehen sie wie solche aus und sind daher eine kurze Zusammenfassung in diesem Abschnitt wert. Diese kleinen Zeichen werden zu einigen Grund-Kana hinzugefügt, um anzuzeigen, dass ihre Aussprache verändert *(stimmhaft)* ist.

Kleiner Tsu っ + ッ

Wenn ein kleines "tsu"-Zeichen zwischen normal großen Kana-Zeichen steht, wird der Konsonantenlaut der folgenden Silbe verdoppelt *(z. B. ろっく, ausgesprochen als "ro-k-ku", nicht als "ro-tsu-ku")*. Auch keine Interpunktion - nur eine Erinnerung!

Der Kleine ヶ

Es sieht genauso aus wie das Katakana **ケ** *(ke)*, aber das kleine **ヶ** ist nicht verwandt. Es ist eine Abkürzung für das Kanji **箇** *(ausgesprochen* **か**, *oder "ka")*, das zum Zählen von "Gegenständen" verwendet wird. Das kleine **ヶ** ist aus einem Teil des Radikals **竹** *(Bambus)* entstanden, allerdings in der abweichenden Form ⺮. Das kleine **ヶ** ist auch eine verkürzte Version des Partikels **が** *(ga)*.

Der 々 Symbol

Das so genannte *"noma"*-Zeichen, das aussieht, als seien die Katakana für *"no"* und *"ma"* kombiniert worden (ノ + マ = 々), ist das Kanji-Iterationszeichen. Dieses Zeichen wird nicht als Kanji klassifiziert und erscheint nicht in Wörterbüchern, es ist also eher ein Satzzeichen.

Im Wesentlichen wird das Symbol 々 nur in Verbindung mit Kanji verwendet und dupliziert ein einzelnes Zeichen, das ihm vorausgeht. Die Lesung wird nicht immer dupliziert, so dass das zweite, duplizierte Kanji eine etwas andere Aussprache haben kann.

Kanji	Lesung		Bedeutung
山	やま	*yama*	Berg
山山 = 山々	やまやま	*yamayama*	Berge
人	ひと	*hito*	Mensch
人人 = 人々	ひとびと	*hitobito*	Menschen

Diese Zusammenfassung soll nur verhindern, dass der Leser *"noma"* mit einem Kanji- oder Kana-Zeichen verwechselt. Eine vollständige Erklärung, wie und wann dieses Zeichen verwendet (oder nicht verwendet) wird, wäre für ein Anfängerbuch zu komplex.

Yen-Symbol ¥

Dieses Zeichen ist kein Interpunktionszeichen, sondern hervorgehoben, damit Sie es nicht mit Kana oder Kanji verwechseln. Das ¥ ist das Zeichen für den japanischen *"Yen"*, oder 円 als Kanji (えん), die Währung Japans. Sie können entweder das ¥-Zeichen oder das Kanji 円 wählen - niemals beides! Das ¥-Zeichen steht vor den Zahlen (Währungsbetrag), aber das Kanji 円 kommt nach den Zahlen (z. B. ¥ 123 *or* 123 円). Verwenden Sie das ¥ -Zeichen genauso wie andere Währungen, *z. B. das US-Dollar $, oder das Euro €.*

Poststempel 〒 + ㊒

Diese Zeichen sind normalerweise auf Briefen, Postkarten und Briefkästen zu finden. Die Version ohne Kreis hebt Postleitzahlen hervor, zum Beispiel 〒105-0011 *(die Postleitzahl von Tokyo Tower)*. Die zweite Version (innerhalb eines Kreises) ist das Symbol, mit dem die Lage von Postämtern auf Karten gekennzeichnet wird.

Musik Note ♪

Gelegentlich findet man Texte mit Musiknoten. Sie zeigen dem Leser, dass bestimmte Sätze Liedtexte sind oder dass jemand diese Worte singt (z. B. うさぎおひし♪ かのやま♪)

Das Rollenwechselzeichen 〽

Das "Rollenwechselzeichen" heißt 庵点 (いおりてん), oder *ioriten*, und zeigt an, wann ein Lied beginnt oder wann ein bestimmtes Instrument oder ein Sänger seinen Part im Lied übernimmt. Es ist unwahrscheinlich, dass Ihnen dieses Symbol begegnet, da es in der Regel beim professionellen Songwriting oder der Musikkomposition verwendet wird. Wenn doch, dann wissen Sie zumindest, was es bedeutet.

Kaomoji

Kaomoji ist der Name für einen besonderen Stil japanischer Emoticons, bei dem Bilder durch die Kombination verschiedener Buchstaben, Zeichen und Satzzeichen gezeichnet werden. 顔文字 (かおもじ), oder Kaomoji, was *"Gesichtsbuchstaben"* bedeutet, ist fast eine Kunstform für sich. Das bekanntere Äquivalent von Kaomoji besteht aus einfachen Smiley-Gesichtern, *z. B.* :-)   :(*oder* :D , usw.

Um den Abschnitt über Zeichensetzung abzurunden, finden Sie hier eine kleine Auswahl von Kaomoji aus einigen gängigen Kategorien:

Positive Emotionen	Negative Emotionen	Aktionen	Tiere
(●_●)	(」°口°)」	ε=ε=ε=┌(;・＿・)┘	／＼ r(ŏŏ益ŏŏ)ヽ ／＼
ヽ(o^▽^o)ノ	ҩ((#Φ益Φ#))9	(つ´ ˘ `)つ	U•ﻌ•U
(─‿‿─)	(つ˘ ∩ ˘)つ	(∪｡∪)｡｡｡zzZ	ヽ(`(I)´)ノ
(*^‿^*)	ψ(▼ヘ▼メ)~→	┌|≧∇≦|┘	／(^×^)＼
(・ω・)♡	(╥ω╥)	(￣▽￣)/♫•*¨*•.¸¸♪	<・)))><<
(/●ヮ●)/*:･ﾟ✧	▓▓▓(°‿°)	￣￣￣|•ω•)/	ヾ(´◇`)ﾉ゛
ヽ(^∀^)ﾒ(^∀^)ノ	ʚ(ŏ_ŏʑ)	(/>ω<)/:｡･:*:･ﾟ'★	(^=●ﻌ●=^)

/////////////////////////////// **TEIL 5**

Lernmittel

Dieser letzte Abschnitt enthält einige zusätzliche Ressourcen, die Ihnen bei Ihren Studien helfen sollen. Sie können direkt in das Buch schreiben, aber Sie können es auch vorziehen, die Seiten auszuschneiden oder für den persönlichen Gebrauch zu fotokopieren. Ich versuche immer, die Anzahl der leeren Seiten auf ein Minimum zu beschränken, um Platz für mehr nützliche Informationen in den früheren Kapiteln zu schaffen, aber ich hoffe, Sie finden diese kleine Auswahl an zusätzlichen Ressourcen hilfreich.

Die folgenden Blätter enthalten zusätzliche Gittervorlagen zum Üben japanischer Schriftzeichen. Sie enthalten Kombinationen von 1-Zoll- oder 0,7-Zoll-Quadraten, sowohl mit als auch ohne gepunktete Hilfslinien in der Mitte, um verschiedenen Zwecken und Vorlieben gerecht zu werden.

Dieser Abschnitt enthält auch einige kanji-spezifische Vorlagen für die Aufzeichnung anderer Zeichen, die Sie vielleicht üben möchten. Es ist Platz für Notizen zu wichtigem Kanji-Wissen, wie z. B. Lesungen, individuelle Strichfolge usw., vorgesehen.

Auf den Seiten 221 - 246 finden Sie doppelseitige Vorlagen, die Sie ausschneiden oder kopieren können, um Mini-Lernkarten zu erstellen - hilfreich, um die Kanji in diesem Buch zu wiederholen und Ihr Gedächtnis zu testen. Sie sind nicht so haltbar wie echte Lernkarten, aber ich dachte, es wäre gut, sie beizulegen und Ihnen zusätzliches Geld zu sparen. Die Karten zeigen jedes Zeichen und seine wichtigsten Lernpunkte, wie z. B. die Aussprache und die Strichfolge, und enthalten wichtige Lesungen, Informationen zur Identifizierung und nützliche Vokabeln. Einige leere Kartenvorlagen in diesem Abschnitt können verwendet werden, um eigene Karten zu erstellen oder fehlende Karten einfach zu ersetzen!

Für diejenigen, die es vorziehen, direkt in ein Arbeitsbuch zu schreiben, habe ich auch eine Reihe von zusätzlichen Übungsbüchern veröffentlicht, die sich ideal für die Verwendung in Verbindung mit dieser Publikation eignen. Jedes von ihnen ist mit einer der verschiedenen Arten von Vorlagen in diesem Kapitel gefüllt. Die *Kana- und Kanji-Begleitbücher (oder "Kana and Kanji Companion")* sind ähnlich wie Nachfüllblöcke, aber mit japanischen Schreibrastern. *Das Kanji-Begleitbuch (oder "Kanji Study Companion")* fungiert als spezielles Logbuch zum Aufzeichnen, Organisieren und Sammeln neuer Kanji-Kenntnisse.

Meine Begleitbücher sind auf den globalen Marktplätzen von Amazon erhältlich.

Vorlage für Schreibübungen

Japanisch leicht gemacht *(1-Zoll-Raster mit Hilfslinien)*

Vorlage für Schreibübungen

(1-Zoll-Raster mit Hilfslinien) *Japanisch leicht gemacht*

Vorlage für Schreibübungen

Japanisch leicht gemacht *(1-Zoll-Raster ohne Hilfslinien)*

Vorlage für Schreibübungen

(1-Zoll-Raster ohne Hilfslinien) *Japanisch leicht gemacht*

Vorlage für Schreibübungen

Japanisch leicht gemacht *(0,7-Zoll-Raster mit Hilfslinien)*

Vorlage für Schreibübungen

(0,7-Zoll-Raster mit Hilfslinien) *Japanisch leicht gemacht*

Vorlage für Schreibübungen

Japanisch leicht gemacht (0,7-Zoll-Raster ohne Hilfslinien)

Vorlage für Schreibübungen

(0,7-Zoll-Raster ohne Hilfslinien) — *Japanisch leicht gemacht*

Vorlage für Schreibübungen

Japanisch leicht gemacht *(0,7-Zoll-Raster ohne Hilfslinien)*

212

Vorlage für Schreibübungen

(0,7-Zoll-Raster ohne Hilfslinien) *Japanisch leicht gemacht*

N5　N4　N3　N2　N1

KANJI-DETAILS

ON'YOMI　　　　　　　　KUN'YOMI

RADIKAL(E)　VOKABELN　　　　　　VOKABELN

SATZ / MNEMONIK / HINWEISE

KANJI STRICHFOLGE

KANJI SCHREIBÜBUNGEN

N5　N4　N3　N2　N1

Kanji-Studienvorlage

N5 N4 N3 N2 N1

ON'YOMI KUN'YOMI

RADIKAL(E) VOKABELN VOKABELN

SATZ / MNEMONIK / HINWEISE

KANJI-DETAILS

KANJI STRICHFOLGE

KANJI SCHREIBÜBUNGEN

Kanji-Studienvorlage

N5 N4 N3 N2 N1

KANJI-DETAILS		ON'YOMI	KUN'YOMI
	RADIKAL(E)	VOKABELN	VOKABELN
SATZ / MNEMONIK / HINWEISE			

KANJI STRICHFOLGE

KANJI SCHREIBÜBUNGEN

Kanji-Studienvorlage

N5 N4 N3 N2 N1

ON'YOMI KUN'YOMI

RADIKAL(E) VOKABELN VOKABELN

SATZ / MNEMONIK / HINWEISE

KANJI-DETAILS

KANJI STRICHFOLGE

KANJI SCHREIBÜBUNGEN

Kanji-Studienvorlage

N5　N4　N3　N2　N1

KANJI-DETAILS

ON'YOMI　　　　　　KUN'YOMI

RADIKAL(E)　VOKABELN　　　VOKABELN

SATZ / MNEMONIK / HINWEISE

KANJI STRICHFOLGE

KANJI SCHREIBÜBUNGEN

N5　N4　N3　N2　N1

Kanji-Studienvorlage

N5 N4 N3 N2 N1

ON'YOMI KUN'YOMI

RADIKAL(E) VOKABELN VOKABELN

SATZ / MNEMONIK / HINWEISE

KANJI-DETAILS

KANJI STRICHFOLGE

KANJI SCHREIBÜBUNGEN

Kanji-Studienvorlage

N5 N4 N3 N2 N1

KANJI-DETAILS

ON'YOMI

KUN'YOMI

RADIKAL(E) VOKABELN

VOKABELN

SATZ / MNEMONIK / HINWEISE

KANJI STRICHFOLGE

KANJI SCHREIBÜBUNGEN

N5 N4 N3 N2 N1

Kanji-Studienvorlage

N5 N4 N3 N2 N1

ON'YOMI   KUN'YOMI

RADIKAL(E) | VOKABELN   VOKABELN

SATZ / MNEMONIK / HINWEISE

KANJI-DETAILS

KANJI STRICHFOLGE

KANJI SCHREIBÜBUNGEN

Kanji-Studienvorlage

一

N5 Kanji	**Zahlen**
Kun	ひと-、ひと.つ
On	イチ、イツ
Radikal	一
Striche	1
Teile	一

二

N5 Kanji	**Zahlen**
Kun	ふた、ふた.つ
On	ニ、ジ
Radikal	二
Striche	2
Teile	二

三

N5 Kanji	**Zahlen**
Kun	み、み.つ、みっ.つ
On	サン、ゾウ
Radikal	一
Striche	3
Teile	一 二

四

N5 Kanji	**Zahlen**
Kun	よ、よ.つ、よん
On	シ
Radikal	囗
Striche	5
Teile	儿 囗

五

N5 Kanji	**Zahlen**
Kun	いつ、いつ.つ
On	ゴ
Radikal	二
Striche	4
Teile	五

六

N5 Kanji	**Zahlen**
Kun	む、む.つ、むっ.つ
On	ロク、リク
Radikal	八
Striche	4
Teile	亠 八

七

N5 Kanji	**Zahlen**
Kun	なな、なな.つ、なの
On	シチ
Radikal	一
Striche	2
Teile	乙 ノ ヒ

八

N5 Kanji	**Zahlen**
Kun	や、や.つ、やっ.つ
On	ハチ、ハツ
Radikal	八
Striche	2
Teile	八

九

N5 Kanji	**Zahlen**
Kun	ここの、ここの.つ
On	キュウ、ク
Radikal	乛
Striche	2
Teile	九

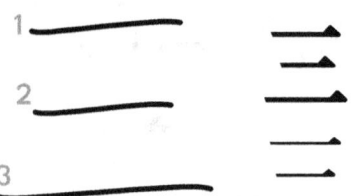

Bedeutung(en): **drei, 3**

三	サン / さん *drei, 3*
三日	みっか *3. Tag des Monats*
三月	さんがつ *März, 3. Monat*
三十日	みそか *letzter Tag (Monats)*

Bedeutung(en): **zwei, 2**

二	ニ / に *zwei, 2*
二日	ふつか *2. Tag, 2 Tage*
二月	にがつ *Februar, 2. Monat*
二人	ふたり *2 Personen, Paar*

Bedeutung(en): **eine, 1, erste**

一	ひとつ *eine, (nicht) sogar*
一	イチ *am besten, zuerst*
一寸	ちょっと *ein wenig, bisschen*
一人	ひとり *eine Person*

Bedeutung(en): **sechs, 6**

六	ロク / ろく *sechs, 6*
六日	むいか *6. Tag des Monats*
六月	ロクガツ *Juni, 6. Monat*
六つ	むっつ *sechs Jahre alt*

Bedeutung(en): **fünf, 5**

五	ゴ / ご *fünf, 5*
五日	いつか *5. Tag des Monats*
五月	ゴガツ *Mai, 5. Monat*
五つ	いつつ *fünf, fünf Jahre alt*

Bedeutung(en): **vier, 4**

四	シ / し *vier, 4*
四日	よっか *4. Tag des Monats*
四月	シガツ *April, 4. Monat*
四つ	よっつ *vier, vier Jahre alt*

Bedeutung(en): **neun, 9**

九	キュウ / きゅう *neun, 9*
九日	ここのか *9. Tag des Monats*
九月	クガツ *September, 9. Monat*
九つ	ここのつ *neun Jahre alt*

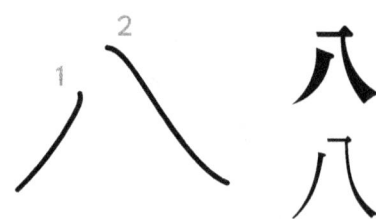

Bedeutung(en): **acht, 8**

八	ハチ / はち *acht, 8*
八日	ようか *8. Tag des Monats*
八月	だす *August, 8. Monat*
八つ	やっつ *acht Jahre alt*

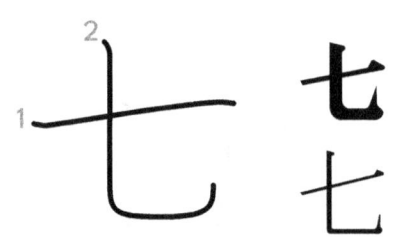

Bedeutung(en): **sieben, 7**

七	シチ / しち *sieben, 7*
七日	なのか *7. Tag des Monats*
七月	シチガツ *Juli, 7. Monat*
七つ	ななつ *sieben Jahre alt*

十

N5 Kanji **Zahlen**

Kun	とお、と、そ
On	ジュウ、ジッ
Radikal	十
Striche	2
Teile	十

百

N5 Kanji **Zahlen**

Kun	もも
On	ヒャク、ビャク
Radikal	白
Striche	6
Teile	一白

千

N5 Kanji **Zahlen**

Kun	ち
On	セン
Radikal	十
Striche	3
Teile	ノ十

万

N5 Kanji **Zahlen**

Kun	よろず
On	マン、バン
Radikal	一
Striche	3
Teile	一丨ノ

円

N5 Kanji **Zahlen**

Kun	まる.い、まど
On	エン
Radikal	冂
Striche	4
Teile	一丨冂

日

N5 Kanji **Zeit**

Kun	ひ、-び、-か
On	ニチ、ジツ
Radikal	日
Striche	4
Teile	日

週

N5 Kanji **Zeit**

Kun	(none)
On	シュウ
Radikal	辶
Striche	11
Teile	冂込口土

月

N5 Kanji **Zeit**

Kun	つき
On	ゲツ、ガツ
Radikal	月
Striche	4
Teile	月

年

N5 Kanji **Zeit**

Kun	とし
On	ネン
Radikal	干
Striche	6
Teile	一ノ干乞

Bedeutung(en): **1.000, Tausend**

千	セン *1000, tausend*
千	せん *1000, tausend*
百千	ひゃくせん *große Anzahl*
千万円	いっせん まんえん *10 Millionen Yen*

Bedeutung(en): **hundert, 100**

百	ヒャク *hundert, 100*
百	もも *100, (sehr) viele*
百貨店	ひゃっかてん *Kaufhaus*
百万円	ひゃくまんえん *1 Million Yen*

Bedeutung(en): **zehn, 10**

十	じゅう / ジュウ *10, zehn Jahre alt*
十日	とおか *10. Tag des Monats*
十回	ジッカイ *zehnmal*
十分	じゅうぶん *genug, viel*

Bedeutung(en): **Tag, Sonne, Japan**

日	ひ *Tag/Tage, Sonne*
日	いく *Sonntag, Japan*
あくる日	あくるひ *nächster Tag*
明日	あした *morgen*

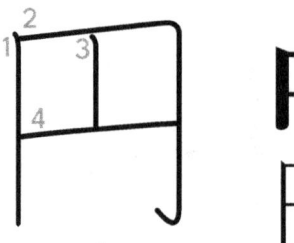

Bedeutung(en): **Yen, Kreis, rund**

円い	まるい *rund, kugelförmig*
円	エン *Yen, Kreis*
円滑	エンカツ *glatt, ungestört*
円か	まどか *ruhig, entspannt*

Bedeutung(en): **10.000**

万	マン *10.000, verschiedene*
万	いく *Myriade, alles, alle*
万能	ばんのう *nützlich, universell*
万年筆	まんねんひつ *Füllfederhalter*

Bedeutung(en): **Jahr (+ Zähler)**

年	とし *Jahr, Alter, Jahre*
年	ネン *Zähler für Jahre*
今年	ことし *dieses Jahr*
去年	きょねん *letztes Jahr*

Bedeutung(en): **Monat, Montag**

月	つき *Mond, Monat*
月	ゲツ *Montag*
月末	げつまつ *Ende des Monats*
月曜日	げつようび *Montag*

Bedeutung(en): **Woche**

週	シュウ *Woche*
前週	ゼンシュウ *letzte Woche*
毎週	マイシュウ *jede Woche*
隔週	カクシュウ *jede zweite Woche*

時

N5 Kanji **Zeit**

Kun	とき、-どき
On	ジ
Radikal	日
Striche	10
Teile	土寸日

間

N5 Kanji **Zeit**

Kun	あいだ、ま、あい
On	カン、ケン
Radikal	門
Striche	12
Teile	日門

分

N5 Kanji **Zeit**

Kun	わ.ける、わ.け
On	ブン、フン、ブ
Radikal	刀
Striche	4
Teile	ハ刀

午

N5 Kanji **Zeit**

Kun	うま
On	ゴ
Radikal	十
Striche	4
Teile	ノ十干乞

前

N5 Kanji **Zeit**

Kun	まえ、-まえ
On	ゼン
Radikal	刀
Striche	9
Teile	一并刈月

後

N5 Kanji **Zeit**

Kun	のち、うし.ろ
On	ゴ、コウ
Radikal	彳
Striche	9
Teile	夂幺彳

今

N5 Kanji **Zeit**

Kun	いま
On	コン、キン
Radikal	人(亻)
Striche	4
Teile	一个

先

N5 Kanji **Zeit**

Kun	さき、ま.ず
On	セン
Radikal	儿
Striche	6
Teile	ノ儿土

来

N5 Kanji **Zeit**

Kun	く.る、きた.る
On	ライ、タイ
Radikal	木
Striche	7
Teile	｜ 二 木 米

Bedeutung(en): Teil, Minute

分	ブン Teil, Portion, Anteil
分ける	わける teilen/spalten (in)
分別	フンベツ Diskretion, Vernunft
三十分	さんじゅっぷん 30 Minuten (30分)

Bedeutung(en): Intervall, Raum

間	あいだ Lücke, Abstand
間	カン Intervall, zwischen
時間	じかん Zeit, Stunde
間違い	まちがい Fehler, Irrtum, Unfall

Bedeutung(en): Zeit, Stunde

時	とき Zeit, Moment
時	ジ Stunde, Uhr,
時計	とけい Uhr, Zeitmesser
時刻表	じこくひょう Fahrplan

Bedeutung(en): hinter, zurück

後	のち später, danach
後々	のちのち (ferne) Zukunft
午後	ごご nachmittags
後日	ゴジツ in der Zukunft

Bedeutung(en): vorne, vor

前	まえ vor, früher, vor
名前	なまえ Name, Vorname
前	ゼン letzter..., früher
前売り	まえうり Vorverkauf, Buchung

Bedeutung(en): Mittag

午後	ゴゴ Nachmittag, PM
午前	ゴゼン Vormittag, AM
亭午	テイゴ Mittag
午	うま Zeichen des Pferdes

Bedeutung(en): nächste, Ursache

来	ライ nächstes Jahr
来月	らいげつ nächsten Monat
来る	くる kommen, ankommen
出来る	できる tun können

Bedeutung(en): vorher, zukünftig

先	セン früher, vorher, alt
先	さき Punkt, Spitze, Ende
先週	せんしゅう letzte Woche
先生	せんせい Lehrer, Ausbilde

Bedeutung(en): Nun, das

今	コン dieser, der aktuelle..
今	いま jetzt, bald, sofort
今晩	こんばん heute, heute Abend
今朝	こんちょう heute Morgen

半

N5 Kanji **Zeit**

Kun	なか.ば
On	ハン
Radikal	十
Striche	5
Teile	丨 二 丷 十

毎

N5 Kanji **Zeit**

Kun	ごと、-ごと.に
On	マイ
Radikal	毋 (母, 母)
Striche	6
Teile	母 毋 乞

何

N5 Kanji **Zeit**

Kun	なに、なん、なに-
On	カ
Radikal	人 (亻)
Striche	7
Teile	一 亅 化 口

人

N5 Kanji **Menschen und Dinge**

Kun	ひと、-り、-と
On	ジン、ニン
Radikal	人 (亻)
Striche	2
Teile	人

男

N5 Kanji **Menschen und Dinge**

Kun	おとこ、お
On	ダン、ナン
Radikal	田
Striche	7
Teile	力 田

女

N5 Kanji **Menschen und Dinge**

Kun	おんな、め
On	ジョ、ニョ、ニョウ
Radikal	女
Striche	3
Teile	女

子

N5 Kanji **Menschen und Dinge**

Kun	こ、-こ、ね
On	シ、ス、ツ
Radikal	子
Striche	3
Teile	子

母

N5 Kanji **Menschen und Dinge**

Kun	はは、も
On	ボ
Radikal	毋 (母)
Striche	5
Teile	母 毋

父

N5 Kanji **Menschen und Dinge**

Kun	ちち
On	フ
Radikal	父
Striche	4
Teile	父

何	何		毎	毎		半	半

Bedeutung(en): welche, wie viele   **Bedeutung(en): jede**   **Bedeutung(en): halb, mittel**

何	なに — was, das Ding
何	なん — was, wie viele, viele
何か	なにか — etwas, irgendetwas
何曜日	なんようび — Welcher Tag?

毎	ごと — jedes
毎	マイ — jedes [Ereignisse]
毎日	まいにち — jeden Tag
毎朝	マイアサ — jeden Morgen

半	ハン — halb, halb-past
半分	はんぶん — halb
半ば	なかば — Mitte, eine Hälfte
大半	たいはん — Mehrheit

Bedeutung(en): Frau, weiblich   **Bedeutung(en): Mann, männlich**   **Bedeutung(en): Person**

女	おんな — weiblich, Frau
女王	ジョオウ — Königin
女神	めがみ — Göttin
女の子	おんなのこ — Mädchen, Tochter

男	おとこ — Mann, männlich
男女	ダンジョ — Mann und Frau
美男	びなん — gutaussehender Mann
男の子	おとこのこ — Junge, Sohn

人	ひと — Menschen
人	ジン — -er (z. B. Italiener)
人々	ひとびと — Männer und Frauen
人	ニン — Zähler für Menschen

Bedeutung(en): Vater   **Bedeutung(en): Mutter**   **Bedeutung(en): Kind**

父	ちち — Vater
父母	フボ — Eltern
祖父	そふ — Großvater
祖父母	そふぼ — Großeltern

母	はは — Mutter
父母	フボ — Eltern
伯母さん	おばさん — Tante
お祖母さん	おばあさん — Großmutter

子	こ — Kind, Jugendlicher
息子	むすこ — Sohn
子供	こども — Kind
帽子	ぼうし — Hut, Mütze

友

N5 Kanji   **Menschen und Dinge**

Kun	とも
On	ユウ
Radikal	又
Striche	4
Teile	一ノ又

火

N5 Kanji   **Menschen und Dinge**

Kun	ひ、-び、ほ-
On	カ
Radikal	火 (灬)
Striche	4
Teile	火

水

N5 Kanji   **Menschen und Dinge**

Kun	みず、みず-
On	スイ
Radikal	水 (氵, 氺)
Striche	4
Teile	水

木

N5 Kanji   **Menschen und Dinge**

Kun	き、こ-
On	ボク、モク
Radikal	木
Striche	4
Teile	木

土

N5 Kanji   **Menschen und Dinge**

Kun	つち
On	ド、ト
Radikal	土
Striche	3
Teile	土

金

N5 Kanji   **Menschen und Dinge**

Kun	かね、かな-、-がね
On	キン、コン、ゴン
Radikal	金 (釒)
Striche	8
Teile	个八井王金

本

N5 Kanji   **Menschen und Dinge**

Kun	もと
On	ホン
Radikal	木
Striche	5
Teile	一木

川

N5 Kanji   **Menschen und Dinge**

Kun	かわ
On	セン
Radikal	巛 (川、巜)
Striche	3
Teile	川

花

N5 Kanji   **Menschen und Dinge**

Kun	はな
On	カ、ケ
Radikal	艸 (艹)
Striche	7
Teile	化匕艾

Bedeutung(en): **Wasser**

水	みず *Wasser*
浄水	ジョウスイ *sauberes Wasser*
水泳	すいえい *Schwimmen*
水曜日	すいようび *Mittwoch*

Bedeutung(en): **Feuer**

火	ひ *Feuer, Flamme*
小火	ボヤ *kleines Feuer*
花火	はなび *Feuerwerk*
火曜日	かようび *Dienstag*

Bedeutung(en): **Freund**

友	とも *Freund*
友達	ともだち *Freund, Kamerad*
友情	ゆうじょう *Freundschaft*
友好的	ゆうこうてき *freundlich*

Bedeutung(en): **Gold, Geld, Metall**

金	かね *Geld, Metall*
金	キン *Gold (Metall, Farbe)*
納金	ノウキン *Bezahlung*
金曜日	きんようび *Freitag*

Bedeutung(en): **Boden, Erde**

土	つち *Erde, Boden*
土	ド *Samstag, Schmutz*
土地	トチ *Grundstück, Partie*
土曜日	どようび *Samstag*

Bedeutung(en): **Baum, Holz**

木	き *Baum, Wald, Holz*
木々	きぎ *fähig sein zu*
木材	モクザイ *Schnittholz, Bauholz*
木曜日	もくようび *Donnerstag*

Bedeutung(en): **Blume, Blüte**

花	はな *Blume, Blüte*
花見	はなみ *Kirschblüte betrachten*
花形	ハナガタ *Blüte, Ornament*
花火	はなび *Feuerwerk*

Bedeutung(en): **Strom, Fluss**

川	かわ *Fluss, Bach*
山川	サンセン *Berge und Flüsse*
川岸	かわぎし *Flussufer, Flussufer*
堀川	ほりかわ *Kanal*

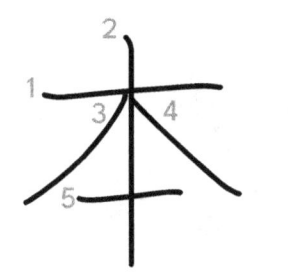

Bedeutung(en): **Buch, wahr, haupt**

本	ホン *Buch, Band, Skript*
本棚	ほんだな *Bücherregal*
大本 (元)	おおもと *Wurzel, Ursprung*
日本語	にほんご *Japanisch Sprache*

気

N5 Kanji	**Menschen und Dinge**

Kun	き
On	キ、ケ
Radikal	气
Striche	6
Teile	丶ノ气乞

生

N5 Kanji	**Menschen und Dinge**

Kun	い.きる、い.かす
On	セイ、ショウ
Radikal	生
Striche	5
Teile	生

魚

N5 Kanji	**Menschen und Dinge**

Kun	うお、さかな
On	ブン、モン
Radikal	魚
Striche	11
Teile	杰田魚

天

N5 Kanji	**Menschen und Dinge**

Kun	あまつ、あめ
On	テン
Radikal	大
Striche	4
Teile	一二大

空

N5 Kanji	**Menschen und Dinge**

Kun	そら、あ.く、あ.き
On	クウ
Radikal	穴
Striche	8
Teile	儿宀エ穴

山

N5 Kanji	**Menschen und Dinge**

Kun	やま
On	サン、セン
Radikal	山
Striche	3
Teile	山

雨

N5 Kanji	**Menschen und Dinge**

Kun	あめ、あま-、-さめ
On	ウ
Radikal	雨
Striche	8
Teile	雨

電

N5 Kanji	**Menschen und Dinge**

Kun	(none)
On	デン
Radikal	雨
Striche	13
Teile	乙田雨

車

N5 Kanji	**Menschen und Dinge**

Kun	くるま
On	シャ
Radikal	車
Striche	7
Teile	車

Bedeutung(en): **Fisch**

魚	さかな *Fisch*
魚市場	うおいちば *Fischmarkt*
魚類	ギョルイ *Fisch, Fische*
鮮魚	センギョ *frischer Fisch*

Bedeutung(en): **Leben, Leben**

生きる	いきる *zu leben/existieren*
生徒	せいと *Schüler, Student*
生	セイ *(m)ich Schüler*
先生	せんせい *Sensei, Lehrer*

Bedeutung(en): **Geist, Luft**

気	き / キ *Geist, Herz, Natur*
元気	げんき *lebendig, energisch*
病気	びょうき *Krankheit, Seuche*
気合	きあい / キアイ *Geist, Motivation*

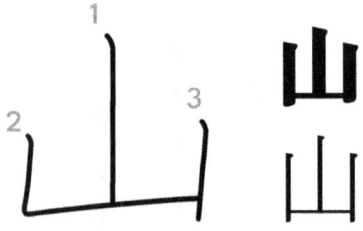

Bedeutung(en): **Berg**

山	やま *Bergwerk, Hügel*
山	サン *Berg, Berg*
火山	さんみゃく *Vulkan*
雪山	セツザン *Schneeberg*

Bedeutung(en): **leer, Himmel, Leere**

空	そら *Himmel, das Wetter*
空	クウ *leere Luft, Himmel*
空き	あき *Zimmer, Lücke*
空港	くうこう *Flughafen*

Bedeutung(en): **Himmel, kaiserlich**

天	てんき *Wetter, Elemente*
天気	テン *Himmel, Gott*
天津	あまつ *himmlisch, kaiserlich*
天	あめ *Himmel*

Bedeutung(en): **Auto, Fahrzeug**

車	くるま *Auto, Automobil*
車	シャ *Auto, Fahrzeug*
車椅子	くるまいす *Rollstuhl*
電車	でんしゃ *Elektrischer Zug*

Bedeutung(en): **Elektrizität**

電話	でんわ *Telefonanruf*
電池	でんち *Batterie, Zelle*
電化	デンカ *elctrification*
電気	でんき *Strom*

Bedeutung(en): **Regen**

雨	あめ *regen, regentag*
雨降り	あめふり *Niederschlag, nass*
雨季	ウキ *Regenzeit*
雷雨	らいう *Gewitter*

語

N5 Kanji **Menschen und Dinge**

Kun	かた.る、かた.らう
On	ゴ
Radikal	言 (訁)
Striche	14
Teile	吾

耳

N5 Kanji **Menschen und Dinge**

Kun	みみ
On	ジ
Radikal	耳
Striche	6
Teile	耳

手

N5 Kanji **Menschen und Dinge**

Kun	て、て-、-て、た-
On	シュ、ズ
Radikal	手 (扌、㐭)
Striche	4
Teile	手

足

N5 Kanji **Menschen und Dinge**

Kun	あし、た.りる
On	ソク
Radikal	足 (⻊)
Striche	7
Teile	口 止 足

目

N5 Kanji **Menschen und Dinge**

Kun	め、-め、ま-
On	モク、ボク
Radikal	目
Striche	5
Teile	目

口

N5 Kanji **Menschen und Dinge**

Kun	くち
On	コウ、ク
Radikal	口
Striche	3
Teile	口 口

名

N5 Kanji **Menschen und Dinge**

Kun	な、-な
On	メイ、ミョウ
Radikal	口
Striche	6
Teile	口 夕

店

N5 Kanji **Richtung & Orte**

Kun	みせ、たな
On	テン
Radikal	广
Striche	8
Teile	ト 口 广

駅

N5 Kanji **Richtung & Orte**

Kun	(none)
On	エキ
Radikal	馬
Striche	14
Teile	丶 尸 杰 馬

Bedeutung(en): Hand

手	て *Hand, Arm, Griff*
手紙	てがみ *Brief, Notiz, Post*
手記	シュキ *Memorandum*
切手	きって *Briefmarke (Porto)*

Bedeutung(en): Ohr

耳	みみ *Ohr*
左耳	ひだりみみ *linkes Ohr*
遠耳	とおみみ *Scharfes Hören*
耳障り	みみざわり *Beleidigend*

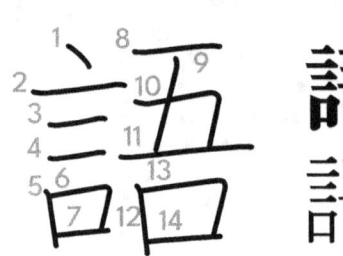

Bedeutung(en): Wort, Sprache

語	ゴ *Wort, Sprache*
英語	えいご *Englisch (Sprache)*
語る	かたる *darüber reden*
語学	ゴガク *Studium der Fremdsprachen*

Bedeutung(en): Mund, Sprache

口	くち *Mund, Öffnung*
出口	でぐち *Ausweg, Ausgang*
人口	じんこう *Bevölkerung*
大口	おおぐち *große Klappe*

Bedeutung(en): Auge, Klasse, Blick

目	め *Auge, Augenlicht*
駄目	だめ *nutzlos, kaputt*
目的	もくてき *Zweck, Ziel*
細目	サイモク *Einzelheiten*

Bedeutung(en): Bein, Fuß

足	あし *Fuß, Pfote, Bein*
足す	たす *hinzufügen (Zahlen)*
足跡	あしあと *Fußabdrücke*
足りる	たりる *ausreichend*

Bedeutung(en): Bahnhof

駅	エキ *Bahnstation*
駅員	エキイン *Angestellter*
駅前	えきまえ *vor einem Bahnhof*
終着駅	シュウチャクエキ *hinausgehen*

Bedeutung(en): Laden, Geschäft

店	みせ *Geschäft, Betrieb*
店	テン *Laden, Restaurant*
店先	みせさき *Schaufenster*
書店	しょてん *Buchhandlung*

Bedeutung(en): Name, Ruf

名	メイ *berühmt*
名前	なまえ *Name, Vorname*
名画	メイガ *berühmtes Bild*
仮名	かめい *Alias, Künstlername*

道

N5 Kanji **Richtung & Orte**

Kun	みち、いう
On	ドウ、トウ
Radikal	辵 (辶, 辶, 辶)
Striche	12
Teile	并込自首

社

N5 Kanji **Richtung & Orte**

Kun	やしろ
On	シャ
Radikal	示 (ネ)
Striche	7
Teile	土礼

国

N5 Kanji **Richtung & Orte**

Kun	くに
On	コク
Radikal	囗
Striche	8
Teile	丶口王

外

N5 Kanji **Richtung & Orte**

Kun	そと、ほか、はず.す
On	ガイ、ゲ
Radikal	夕
Striche	5
Teile	ト夕

学

N5 Kanji **Richtung & Orte**

Kun	まな.ぶ
On	ガク
Radikal	子
Striche	8
Teile	冖子尚

校

N5 Kanji **Richtung & Orte**

Kun	(none)
On	コウ、キョウ
Radikal	木
Striche	10
Teile	亠木父

上

N5 Kanji **Richtung & Orte**

Kun	うえ、-うえ、うわ-
On	ジョウ、シャン
Radikal	一
Striche	3
Teile	一ト

下

N5 Kanji **Richtung & Orte**

Kun	した、しも、もと
On	カ、ゲ
Radikal	一
Striche	3
Teile	一丨ト

中

N5 Kanji **Richtung & Orte**

Kun	なか、うち、あた.る
On	チュウ
Radikal	丨
Striche	4
Teile	丨口

Bedeutung(en): **Land, Staat**　　　　Bedeutung(en): **Firma, Büro**　　　　Bedeutung(en): **Straße, Pfad, Weg**

国	くに Land, Staat
国語	こくご Landessprache
国益	コクエキ nationales Interesse
外国人	がいこくじん Ausländer

社	やしろ (Shinto-)Schrein
社	シャ Unternehmen
社長	しゃちょう Firmenpräsident
社会	しゃかい Gesellschaft

道	みち Weg, Pfad, Straße
道具	どうぐ Werkzeug, Gerät
道筋	みちすじ Route, Wegstrecke
道	ドウ Straße, Route, Weg

Bedeutung(en): **Prüfung, Schule**　　　　Bedeutung(en): **Studium, Lernen**　　　　Bedeutung(en): **außerhalb**

校	コウ Schule
学校	がっこう Schule
高校	こうこう Oberstufe
校長	こうちょう Direktor, Schulleiter

学ぶ	まなぶ studieren, lernen
大学	だいがく Universität
学	ガク Lernen, Stipendium
学位	ガクイ Abschluss

外	そと außerhalb
外	ガイ außerhalb von
外国	がいこく ausländisches Land
海外	かいがい in Übersee

Bedeutung(en): **in, Mitte**　　　　Bedeutung(en): **unten, unter**　　　　Bedeutung(en): **oberhalb, oben**

中	なか innen, Zentrum
中	チュウ durchschnittlich
日中	にっちゅう tagsüber
中心	ちゅうしん Mitte, Kern, Fokus

下	した unten, unter, jünger
靴下	くつした Socken, Strümpfe
下る	くだる hinuntergehen
地下鉄	ちかてつ U-Bahn

上	うえ über, älter, oben
上	ジョウ in der Tat, auf, am
上げる	あげる erheben lassen
上着	うわぎ Jacke, Obergewand

北

N5 Kanji **Richtung & Orte**

Kun	きた
On	ホク
Radikal	匕
Striche	5
Teile	匕 爿

西

N5 Kanji **Richtung & Orte**

Kun	にし
On	セイ、サイ、ス
Radikal	西 (襾, 覀)
Striche	6
Teile	西

東

N5 Kanji **Richtung & Orte**

Kun	ひがし
On	トウ
Radikal	木
Striche	9
Teile	一 丨 日 木 田

南

N5 Kanji **Richtung & Orte**

Kun	みなみ
On	ナン、ナ
Radikal	十
Striche	9
Teile	丼 冂 十 干

右

N5 Kanji **Richtung & Orte**

Kun	みぎ
On	ウ、ユウ
Radikal	口
Striche	5
Teile	一 ノ 口

左

N5 Kanji **Richtung & Orte**

Kun	ひだり
On	サ、シャ
Radikal	工
Striche	5
Teile	一 ノ 工

見

N5 Kanji **Verben**

Kun	み.る、み.える
On	ケン
Radikal	見
Striche	7
Teile	儿 目 見

聞

N5 Kanji **Verben**

Kun	き.く、き.こえる
On	ブン、モン
Radikal	耳
Striche	14
Teile	耳 門

書

N5 Kanji **Verben**

Kun	か.く、-が.き、-がき
On	ショ
Radikal	日
Striche	10
Teile	日 聿

Bedeutung(en): **Osten**

東	ひがし Osten
東京	とうきょう Tokio
東方	とうほう östliche Richtung
東欧	トウオウ Ost-Europa

Bedeutung(en): **Westen, Spanien**

西	にし Westen
西方	せいほう westliche Richtung
西	セイ Spanien, Spanisch
西洋	せいよう westliche Länder

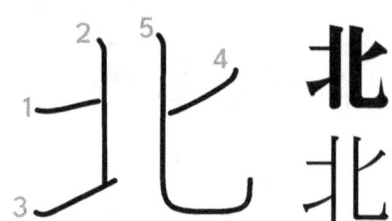

Bedeutung(en): **Norden**

北	きた (der) Norden
西北	せいほく / セイホク Nordwesten
北欧	ホクオウ Nordische Länder
北海道	ほっかいどう Hokkaidou

Bedeutung(en): **links**

左	ひだり links, linke Seite
左利き	ひだりき Linkshänder
左右	サユウ links und rechts
左手	ひだりて linke Hand

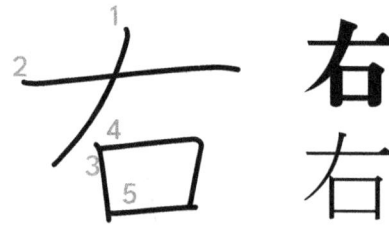

Bedeutung(en): **rechts**

右	みぎ rechts, rechte Seite
右腕	みぎうで Rechtshänder
最右	サイウ ganz rechts
左右	サユウ links und rechts

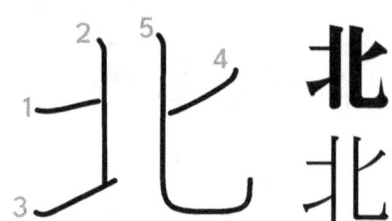

Bedeutung(en): **Süden**

南	みなみ Süden
東南	とうなん / トウナン Süd-Ost
西南	せいなん / セイナン Südwesten
南海	ナンカイ südliches Meer

Bedeutung(en): **zu schreiben**

辞書	じしょ Zeitung
書く	かく Info, Erfahrung
書	ショ zuhören (Musik)
図書館	としょかん gehört werden

Bedeutung(en): **zuhören, fragen**

新聞	しんぶん zeigen, ausstellen
見聞	けんぶん sehen
聞く	きく Meinung, Sichtweise
聞こえる	きこえる Kirschblütenbesichtigung

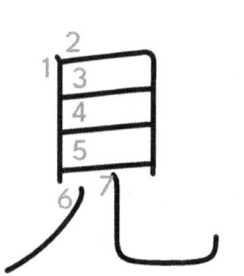

Bedeutung(en): **sehen, hoffen, Idee**

見せる	みせる Arbeitsplatz
見る	みる treffen, begegnen
見解	ケンカイ leichte Verbeugung
花見	はなみ Versammlung

読

N5 Kanji **Verben**

Kun	よ.む、-よ.み
On	ドク、トク、トウ
Radikal	言 (訁)
Striche	14
Teile	儿 亠 士 言

話

N5 Kanji **Verben**

Kun	はな.す、はなし
On	ワ
Radikal	言 (訁)
Striche	13
Teile	口 舌 言

買

N5 Kanji **Verben**

Kun	か.う
On	バイ
Radikal	貝
Striche	12
Teile	八 目 買 貝

行

N5 Kanji **Verben**

Kun	い.く、ゆ.く、-ゆ.き
On	コウ、ギョウ、アン
Radikal	行
Striche	6
Teile	彳 行

出

N5 Kanji **Verben**

Kun	で.る、-で、だ.す
On	シュツ、スイ
Radikal	凵
Striche	5
Teile	丨 山 凵

入

N5 Kanji **Verben**

Kun	い.る、-い.る、-い.り
On	ニュウ、ジュ
Radikal	入
Striche	2
Teile	入

休

N5 Kanji **Verben**

Kun	やす.む、やす.まる
On	キュウ
Radikal	人 (亻)
Striche	6
Teile	化 木

食

N5 Kanji **Verben**

Kun	く.う、た.べる
On	ショク、ジキ
Radikal	食 (𩙿)
Striche	9
Teile	食

飲

N5 Kanji **Verben**

Kun	の.む、-の.み
On	イン、オン
Radikal	食 (𩙿)
Striche	12
Teile	欠 食

Bedeutung(en): **zu kaufen** | Bedeutung(en): **zum Gespräch** | Bedeutung(en): **zu lesen**

買い物	かいもの reden	話す	はなす lesen, erraten	読む	よむ Wörterbuch
買う	かう Konversation, Chat	会話	かいわ Leser	読者	ドクシャ schreiben, zeichnen
不買	フバイ Telefon	電話機	でんわき Lesen (Buches)	読書	ドクショ Buch, Dokument
買収	バイシュウ Telefonat	電話	でんわ Aussprache, Lesen	読み方	よみかた Bibliothek

Bedeutung(en): **eintreten** | Bedeutung(en): **aussteigen** | Bedeutung(en): **durchführen**

入口	いりぐち aussteigen	出る	でる Bank	銀行	ぎんこう Einkaufen
入る	いる bereit zu sein	出来る	できる sich bewegen	行く	いく kaufen, einkaufen
押入れ	おしいれ hinausgehen	出す	だす Reise	旅行	りょこう nicht kaufen
入学	にゅうがく verlassen	出かける	でかける Flugzeug	飛行機	ひこうき Erwerb, Aufkauf

Bedeutung(en): **trinken, nehmen** | Bedeutung(en): **Essen** | Bedeutung(en): **Ruhe, Schlaf**

飲み物	のみもの zum Essen	食べる	たべる Tag frei nehmen	休む	やすむ Eingang, Tor
飲む	のむ Speisesaal	食堂	しょくどう freier Tag, Urlaub	休暇	キュウカ einsteigen
飲食	インショク Mahlzeit (Abend)	食事	しょくじ ausruhen, Pause	休み	やすみ Wandschrank
飲み屋	のみや Essen	食	ショク ausruhen, aussetzen	休める	やすめる Einschreibung

N5 Kanji	**Verben**

Kun	い.う、こと
On	ゲン、ゴン
Radikal	言
Striche	7
Teile	言

N5 Kanji	**Verben**

Kun	た.つ、-た.つ、た.ち-
On	リツ、リュウ
Radikal	立
Striche	5
Teile	立

N5 Kanji	**Verben**

Kun	あ.う、あ.わせる
On	カイ、エ
Radikal	人 (亻)
Striche	6
Teile	二 个 ム

N5 Kanji	**Adjektive**

Kun	おお.い、まさ.に
On	タ
Radikal	夕
Striche	6
Teile	夕

N5 Kanji	**Adjektive**

Kun	すく.ない、/こ.し
On	ショウ
Radikal	小
Striche	4
Teile	ノ 小

N5 Kanji	**Adjektive**

Kun	ふる.い、ふる-
On	コ
Radikal	口
Striche	5
Teile	十 口

新

N5 Kanji	**Adjektive**

Kun	あたら.しい、あら.た
On	シン
Radikal	斤
Striche	13
Teile	亠 井 斤 木 立 辛

N5 Kanji	**Adjektive**

Kun	おお-、おお.きい
On	ダイ、タイ
Radikal	大
Striche	3
Teile	大

N5 Kanji	**Adjektive**

Kun	ちい.さい、こ-、お-
On	ショウ
Radikal	小
Striche	3
Teile	小

Bedeutung(en): **Treffen, Party**

会社	かいしゃ	sich erheben
会う	あう	Unabhängigkeit
会釈	エシャク	prächtig, schön
会	カイ / エ	nützlich sein

Bedeutung(en): **stehen, aufbauen**

立つ	たつ	zu sagen
独立	どくりつ	Sprache, Dialekt
立派	りっぱ	Übertreibung
役に立つ	やくにたつ	Ratschläge

Bedeutung(en): **zu sagen, Wort**

言う	いう	Getränk, trinken
言葉	ことば	zu trinken
過言	カゴン	Essen und Trinken
助言	じょげん	Kneipe, Taverne

Bedeutung(en): **alt, gealtert, uralt**

古い	ふるい	alt
中古	ちゅうこ	gebraucht
稽古	けいこ	Praxis, Ausbildung
故郷	ふるさと	Heimatstadt

Bedeutung(en): **wenige, wenig**

少ない	すくない	wenige, ein wenig
少年	しょうねん	Junge, Jugendlicher
少女	しょうじょ	Mädchen (7-17 J.)
最小限	さいしょうげん	am wenigsten

Bedeutung(en): **viele, häufig, viel**

多い	おおい	viele
多分	たぶん	wahrscheinlich
滅多に	めったに	selten, selten
多彩	たさい	bunt, vielfarbig

Bedeutung(en): **klein, winzig**

小さい	ちいさい	wenig
小屋	こや	Hütte, Häuschen
小指	こゆび	Kleiner Finger
小学校	しょうがっこう	Volksschule

Bedeutung(en): **groß, wichtig**

大きい	おおきい	groß, groß, laut
大変	たいへん	furchtbar, immens
大学	だいがく	Hochschule
大事	だいじ	wichtig, ernst

Bedeutung(en): **neu, frisch, aktuell**

新聞	しんぶん	Zeitung
新しい	あたらしい	neu
新人	しんじん	Neuling
新幹線	しんかんせん	Hochgeschwindigkeitszug

N5 Kanji **Adjektive**

Kun	やす.い、やす.まる
On	アン
Radikal	宀
Striche	6
Teile	女 宀

N5 Kanji **Adjektive**

Kun	たか.い、たか
On	コウ
Radikal	高 (髙)
Striche	10
Teile	亠 冂 口 高

N5 Kanji **Adjektive**

Kun	なが.い、おさ
On	チョウ
Radikal	長 (镸)
Striche	8
Teile	長

N5 Kanji **Adjektive**

Kun	しろ、しら-、しろ.い
On	ハク、ビャク
Radikal	白
Striche	5
Teile	白

JLPT Level

Kun	
On	
Radikal	
Striche	
Teile	

JLPT Level

Kun	
On	
Radikal	
Striche	
Teile	

JLPT Level

Kun	
On	
Radikal	
Striche	
Teile	

JLPT Level

Kun	
On	
Radikal	
Striche	
Teile	

JLPT Level

Kun	
On	
Radikal	
Striche	
Teile	

Bedeutung(en): **lang, überlegen**

長い	ながい lang (Entfernung)
部長	ぶちょう Manager
校長	こうちょう Direktor, Schulleiter
長方形	ちょうほうけい rechteckig, länglich

Bedeutung(en): **groß, hoch, teuer**

高い	たかい teuer
高校	こうこう Oberstufe
高める	たかめる anheben
名高い	なだかい berühmt, bekannt

Bedeutung(en): **billig, niedrig**

安い	やすい günstig, billig
安全	あんぜん Sicherheit
安易	あんい leicht, einfach
安らか	やすらか friedlich, ruhig

Bedeutung(en):

Bedeutung(en):

Bedeutung(en): **Weiß, Unschuld**

白い	しろい weiß
面白い	おもしろい interessant
青白い	あおじろい blass
告白	こくはく Eingeständnis, Aussage

Bedeutung(en):

Bedeutung(en):

Bedeutung(en):

Ersatz	Ersatz	Ersatz

JLPT Level		JLPT Level		JLPT Level	
Kun		**Kun**		**Kun**	
On		**On**		**On**	
Radikal		**Radikal**		**Radikal**	
Striche		**Striche**		**Striche**	
Teile		**Teile**		**Teile**	

Ersatz	Ersatz	Ersatz

JLPT Level		JLPT Level		JLPT Level	
Kun		**Kun**		**Kun**	
On		**On**		**On**	
Radikal		**Radikal**		**Radikal**	
Striche		**Striche**		**Striche**	
Teile		**Teile**		**Teile**	

Ersatz	Ersatz	Ersatz

JLPT Level		JLPT Level		JLPT Level	
Kun		**Kun**		**Kun**	
On		**On**		**On**	
Radikal		**Radikal**		**Radikal**	
Striche		**Striche**		**Striche**	
Teile		**Teile**		**Teile**	

Bedeutung(en): Bedeutung(en): Bedeutung(en):

Bedeutung(en): Bedeutung(en): Bedeutung(en):

Bedeutung(en): Bedeutung(en): Bedeutung(en):

Antwortschlüssel

Vergleichen Sie Ihre Kanji-Lernleistung mit den unten stehenden Antworten:

Zahlen
Seite 064

01	c	10	c
02	b	11	a
03	d	12	b
04	a	13	d
05	b	14	e
06	d	15	d
07	d	16	b
08	e	17	c
09	c	18	d

Zeit
Seite 084

19	e	28	c
20	b	29	c
21	d	30	b
22	c	31	e
23	a	32	d
24	b	33	a
25	a	34	a
26	c	35	b
27	d		

Menschen und Dinge
Seite 118

36	b	45	e
37	d	46	c
38	d	47	d
39	a	48	d
40	b	49	b
41	c	50	a
42	c	51	b
43	e	52	e
44	a	53	b

Orte & Wegbeschreibung
Seite 152

54	e
55	c
56	e
57	b
58	c
59	a
60	b
61	b
62	d

Verben
Seite 153

63	d
64	a
65	b
66	a
67	e
68	b
69	e
70	c

Adjektive
Seite 167

71	a
72	a
73	e
74	d
75	b
76	c
77	b
78	c
79	e

Dankeschön!

Herzlichen Glückwunsch zu Ihren Fortschritten in der japanischen Sprache!

Ich freue mich, dass Sie dieses Buch aus der großen Auswahl anderer Titel ausgewählt haben, und ich hoffe, dass Sie dieses spezielle Buch *"Kanji für Anfänger (N5)"* aus der Reihe *"Japanisch leicht gemacht"* sowohl hilfreich als auch einfach zu benutzen fanden. Ich bin immer bestrebt, meine Bücher mit vielen praktischen Informationen zu füllen, die leicht zu verstehen sind, und den Lesern einen ausgezeichneten Gegenwert für ihr Geld zu bieten.

Das Schreiben und Veröffentlichen von Büchern im Selbstverlag ist ein harter Prozess, aber diese Reihe ist und bleibt eine Liebesarbeit! Ich genieße jetzt auch den Prozess, meine Werke für deutschsprachige Leser zu übersetzen und zu adaptieren. Bitte verzeih mir, wenn du auf dem Weg dorthin auf problematische Grammatik oder Tippfehler gestoßen bist - *es sind meist die kleinen Details, die übersehen werden!* Lass mich wissen, wenn du Fehler gefunden hast, damit ich sie für zukünftige Leserinnen und Leser umgehend korrigieren kann - und ich danke dir im Voraus für deine Geduld und dein Verständnis.

Zu guter Letzt möchte ich Sie auch um einen Gefallen bitten ...

Es würde mich wirklich glücklich machen, wenn mehr Menschen Japanisch lernen würden, und noch mehr, wenn es mit einem meiner Bücher geschähe. Es wäre wirklich hilfreich, wenn Sie sich einen Moment Zeit nehmen könnten, um eine Rezension und Ihr Feedback auf Amazon zu hinterlassen. Die harte Wahrheit ist, dass wir uns alle auf Rezensionen verlassen, um unsere Kaufentscheidungen zu treffen, und Ihr positives Feedback kann für *"die kleinen Leute"* und Autoren wie mich einen großen Unterschied machen.

Es ist auch unglaublich befriedigend, von Menschen zu hören, die genauso scharf darauf sind, Fremdsprachen zu lernen wie ich! Lassen Sie mich wissen, ob ich meinen Inhalt verbessern kann und ob es etwas gibt, das Sie sich für künftige Folgebücher wünschen. Ich freue mich darauf, Ihre Meinung zu hören!

Bis zum nächsten Mal, *arigatōgozaimasu!*

ありがとうございます!!
Daniel.

Kanji leicht gemacht!

Lernen Sie Japanisch lesen, schreiben und sprechen mit JLPT N5 Kanji, Grammatik, Vokabeln, Höflichkeitssprache und mehr!

Ein Lehrbuch und integriertes Arbeitsbuch für Anfänger

Daniel Akiyama

www.ingramcontent.com/pod-product-compliance
Lightning Source LLC
Chambersburg PA
CBHW081708100526
44590CB00022B/3695